잘 터지는
여행 스페인어

김지영 지음

예문당

잘 터지는 여행 스페인어

지은이 · 김지영　　펴낸이 · 임일웅
펴낸곳 · 예문당　기획 · 해외 여행 마니아 클럽
편집 · (주)해성문화사　인쇄 · (주)청우인쇄사
제책 · (주)길성 제책사　마케팅 · 황정규, 김용운

2005년 2월 20일 1쇄 발행

130-800
서울특별시 동대문구 답십리4동 16-4호
☎ : (02)2243-4333~4　FAX : (02)2243-4335
E-mail : lforest@korea.com　등록 : 1978. 1. 3 제 5-43호

본사는 출판물 윤리 강령을 준수합니다.
값 6,000원

머리말

해외여행! 그 한 마디에 가슴을 설레게 만들지만 마음 한 구석에 약간의 두려움을 가지게 되는 것은 여행지의 언어에 대한 부담.........
 더욱이 처음으로 가는 스페인 언어권 여행은 마음에 부담을 더욱 느끼게 되는 것이 현실입니다.

 그러나, 그때그때에 적절하게 사용할 수 있는 쓸모 있는 현지 언어를 알아두면 아름다운 풍경을 보고 즐기면서 유쾌한 여행을 할 수 있게 될 것입니다.

 부담스러운 여행이 아니라, 즐거운 여행이 되기 위해 여행준비 및 기초회화, 출입국 절차, 호텔,레스토랑, 교통, 쇼핑, 관광, 위기관리까지 상황에 알맞은 여행지 언어를 상세하게 기록하였으며, 스페인어 밑에 원어의 발음을 한글로 표기하였습니다. 따라서 여행자가 하고 싶은 말을 천천히, 확실하게 표현할 수 있으므로, 실제로 해외여행을 떠날 때 이 책 한권을 주머니에 넣고 출발하면 베스트 가이드가 될 것입니다.

김지영

부탁할 때는
'Por favor'
뽀르 파보르

양해를 구할 때
'Perdón'
뻬르돈

무엇을 받았으면
'Gracias'
그라시아스

이 낱말들을 잊지 않으면 두렵고,
답답한 여행에서 해방될 수 있습니다.

Contents

머리말

TRAVEL INFORMATION
여행 정보 / 9
여행 준비 / 12
여행지 출입국 정보 / 16

여행자 기본 회화 · · · · · · · · · · · 19
A. 인사표현 / 20
B. 부탁 · 양해를 바랄 때 / 22
C. 감사와 기원을 말할 때 / 24
D. 자신을 소개할 때 / 26
E. 현지인과 대화할 때 / 28
F. 여행자 필수 단어 / 31

CHAPTER 01 공항에서 탑승 수속 · · · · · · · 39
A. 출국수속 전 체크인하기 / 40
   입국 신고서 작성 / 42
B. 비행기 탑승 / 43

CHAPTER 02 기내생활 · · · · · · · · · · 47
A. 음료서비스 / 48
B. 기내휴식 / 50
C. 기내식사 / 51
D. 신문 · 잡지 · 영화 · 음악 / 52
E. 몸이 불편할 때 / 55
F. 기내 쇼핑(면세점) / 57
G. 기내에서 입국 신고서 작성 / 59

CHAPTER 03 여행지 공항도착 · · · · · · · · 61
A. 입국심사 / 62

B. 수하물을 찾을 때 / 66
C. 세관심사 / 67
D. 공항내 편의시설 이용(환전) / 72
E. 공항내 편의 시설 이용(관광 안내소) / 76

CHAPTER 04 호텔 ... 81
<호텔>
A. 여행전 예약 / 82
B. 현지에서 전화 예약 / 86
C. 직접 방문 / 88

<체크 인>
A. 체크 인 / 90

<룸서비스>
A. 모닝 콜 / 92
B. 룸 식사 / 93
C. 구내 식당 이용 / 95

<프런트 데스크>
A. 프런트 데스크 이용 / 96

<편의시설 이용>
A. 세탁물 부탁 / 98
B. 호텔내 부대시설 이용 / 100

<체크아웃>
A. 체크아웃 / 101

CHAPTER 05 레스토랑 ... 105
A. 레스토랑 예약 / 106
B-1. 식사 주문 I / 108
B-2. 식사 주문 II / 113
C. 페스트 푸드 / 116

D. 와인 한잔 / 119
E. 음식값 계산 / 121

CHAPTER 06 길 찾기 · · · · · · · · · · 125
A. 행선지 확인 I / 126
B. 행선지 확인 II / 128
C. 행선지 확인 III / 130
D. 길을 잃었을 때 / 132

CHAPTER 07 교통 수단 · · · · · · · · · 135
A-1. 버스타기 I / 136
A-2. 버스타기 II / 138
A-3. 버스타기 III / 140
B. 택시 / 142
C. 지하철 / 144
D-1. 기차 I / 145
D-2. 기차 II / 147
E. 렌트카 / 149
F. 주유소 / 151
G. 배를 탈 때 / 152

CHAPTER 08 쇼핑 · · · · · · · · · · · · · 155
A-1. 여행지에서 의류 쇼핑 I / 156
A-2. 여행지에서 의류 쇼핑 II / 158
A-3. 여행지에서 의류 쇼핑 III / 160
B. 여행지에서 쇼핑몰 탐색하기 / 162
C. 선물 · 토산품 · 면세점 쇼핑하기 / 164
D. 물건값 흥정하기 / 166
E. 계산하기 / 168
F. 파손품 환불 · 교환하기 / 170
G. 은행이나 환전소에서 환전 할 때 / 172

CHAPTER 09 관광 · · · · · · · · · · · · · 175
A-1. 관광 I / 176

A-2. 관광 II / 178
B. 기념촬영 / 180
C. 박람관 관람 / 184
D. 레저 스포츠 · 공연 관람 / 187

CHAPTER 10 전화 · 우편 · · · · · · · · · · · 191

A-1. 국제 전화 I / 192
A-2. 국제 전화 II / 194
B-1. 시내 전화 I / 197
B-2. 시내 전화 II / 198
B-3. 시내 전화 III / 200
C. 우편물 / 202

CHAPTER 11 위기관리 · · · · · · · · · · · 205

A. 어려움에 빠졌을 때 / 206
B-1. 질병 발생 I / 208
B-2. 질병 발생 II / 210
C-1. 도난 분실 I / 212
C-2. 도난 분실 II / 214
D. 길을 잃었을 때 / 216

CHAPTER 12 귀국준비 · · · · · · · · · · · 219

A. 항공편 예약 및 재확인 / 220
B. 항공편 변경 · 취소 / 222
C. 체크인 하기 / 224
D. 전송 / 225
E. 비행기 탑승 / 226

한마디로 만사 OK / 227
잘 터지는 여행 단어1 / 245
잘 터지는 여행 단어2 / 265

Travel Information

여행정보

 이베리아 반도에 위치한 스페인은 반도의 84%를 차지하고 있으며, 남으로는 아프리카 대륙과 접하고 있다. 스페인은 지역적으로 다양한 기후를 나타내므로 사계절 전천후 여행을 할 수 있다.
 영어는 널리 사용되고 있지 않으므로, 스페인어의 유용한 단어나 문장 정도는 익혀 두는 것이 좋다.

1. 시차와 기후

 스페인과 한국의 시차는 8시간. 스페인에서 정오면 한국에서는 오후 8시가 된다. 여름(3월 마지막 일요일~9월 마지막 일요일)에는 서머 타임으로 1시간 이른 7시간의 시차. 한여름에는 밤 10시가 되어도 바깥이 환하다.
 스페인은 기후에 따라 크게 3지역으로 구분된다. 내륙지역 즉 마드리드, 그라나다 등은 대륙성 기후로 여름은 무덥고 겨울은 무척 추우며, 남부지역인 경우 일년내내 따뜻한 날씨를 만날 수 있고, 서부지역은 온난한 기후를 보이고 있다.
 한여름에는 혹독한 더위가 계속돼, 안달루시아 지방의 경우 기온이 45도까지 올라간다.

* 스페인의 기후는 우리와 거의 흡사하기 때문에 의복 준비는 우리나라의 계절에 맞는 것을 준비하면 된다.

2. 화폐단위

지폐는 5, 10, 20, 50, 100, 200, 500EURO가 있고, 주화는 125102050CENT, 12EURO의 8종이다. 주화의 뒷면에는 스페인을 대표하는 현 국왕 후앙 카를로스 1세, 작가 세르반테스, 오브라도이로 성당이 새겨져 있다 .

3. 환전

환전은 은행이나 공항, 역 구내, 환전소, 호텔 등에서 할 수 있다. 환전이 가능한 곳에서는 'Cambio' 'Exchange' 등의 사인을 볼 수 있다.
환율이나 수수료는 장소에 따라 차이가 있으니 주의할 것! 스페인 은행(Banco de Espana)이 환율이 가장 좋으나 현금만 받는다. 호텔은 환율이 나쁜 편이다.은행 영업시간은 일반적으로 월~금요일 08:30~14:00, 토요일 08:30~13:00. 현금 자동지급기 ATM, 은행이나백화점, 역이나 공항 등 곳곳에 설치되어 있으며 24시간 연중 무휴로 이용할 수 있어 편리하다.

4. 여행시 주의사항

낮 시간이 길기 때문에 스페인 사람들은 늦게 일어나고, 저녁 늦게까지 활동하는 경향이 있다. 그리고 하루 중 가장 더운 시간에 적어도 2시간 시에스타(낮잠)를 즐긴다. 상점이나 관광 안내소는 보통 월~금요일

09:30~14:00, 16:30~20:00까지 영업하며, 토요일에도 문을 여는 곳이 있다. 일경축일은 휴무. 식당은 저녁 늦게까지 영업하는 경우가 많으며, 술집이나 디스코텍는 보통 새벽까지 문을 연다. 박물관이나 미술관은 제각각 오픈 시간에 차이가 있지만, 대부분 월요일에는 문을 닫는다.

 마드리드는 도매시장이 밀집되어 있어서 현금거래가 많이 유통되기 때문에 자연히 범죄가 발생되고 특히 여행객을 상대로 도둑질 및 소매치기 행위를 많다. 여행시 언제나 소지품에 주의를 기울이는 것이 좋다!

여행준비

'짐은 적을 수록 좋다' 라는 기본 상식에 너무 충실하면 꼭 챙겨가야 할 필수품까지 빼놓고 떠날 수 있으므로 짐을 꾸리기 전에 리스트를 만들어 체크하는 것이 좋다.

1. 여행 필수품 챙기기

여권
항공권
복사본(여권, 항공권, 여행자보험증)
여권용 사진 3장
현지화폐
여행자 수표
신용 카드
국제운전면허증
여행 가이드북, 지도

2. 옷가지와 신발 챙기기

옷들은 가장 부피가 큰 짐. 최소한의 옷을 선택하는 지혜가 필요하다. 기본은 속옷과 양말, 티셔츠 2~4벌 정도. 긴 바지, 긴 소매, 반소매 정도.

공식적인 스케줄이 잡혀 있으면 남성은 구두와, 셔츠 그리고 넥타이, 여성은 우아한 치마를 한 벌 정도 준비한다.

겨울은 물론이고 여름에도 아침·저녁으로는 쌀쌀하고, 차를 타고 관광할 때는 에어컨 시설이 잘 되어 있으므로 스웨터나 가디건을 준비해 그때그때 걸치면 좋다.

* 추운지역: 두터운 외투, 장갑, 모자, 마스크 등
  더운지역: 수영복, 선글라스, 모자

 신발은 걷기에 편한 것이 기본. 길들여지지 않은 새신발, 굽이 높은 신발은 금물. 새것보다는 길들여진 헌 신발이나 가볍고 바닥이 두툼한 운동화가 편하다.
 여름에는 샌들도 괜찮다.

* 숙소에서 신을 슬리퍼도 있으면 유용하다.

3. 세면도구와 비상약 챙기기

 작은 호텔이나 유스호스텔 등에는 설비가 잘 되어 있지 않은 곳이 많으므로 여행용 세면도구와 타올, 드라이어, 화장품, 손톱깎이 등을 준비하는 것이 좋다.
 일류 호텔의 경우에는 대부분 잘 갖춰져 있으므로 치약, 칫솔 정도만 준비하면 된다.

* 타올, 칫솔, 치약, 비누, 샴푸, 샤워젤, 바디로션, 면도기와 빗, 자외선 차단 크림 등
* 비상약
  소화제와 설사약, 감기약, 소독약, 진통제, 연고, 멀미약, 1회용 밴드, 생리대 등

4. 짐꾸리기

 가장 먼저 가방에 넣어야 하는 짐은 역시 부피가 가장 큰 옷가지들. 주름지지 않게 옷을 꾸리려면, 우선 반듯하게 옷들을 펴놓은 후 둘둘 말아 가방에 넣는 것이 좋다. 한꺼번에 옷가지를 꾸려 넣은 다음에는 가방의 남는 모서리에 속옷이나 양말, 신발 등을 넣는다.
 딱딱한 트렁크에는 말아서 넣기 어려우므로 옷을 반으로 접어 차곡차곡 쌓는다. 세면도구와 속옷·신발은 서로 뒤섞이지 않도록 입구를 봉할 수 있는 비닐봉지에 따로 싸서 가방 가장 자리의 빈 부분에 넣는다.

* 자주 꺼내야 하는 여권과 지갑, 화장품 등은 여행 가방과는 별도로 핸드백이나 벨트색에 따로 챙기면 큰 가방은 호텔이나 짐 보관소에 맡기고 작은 가방만 가지고 간편하게 다닐 수 있다.

잘 챙기면 이득이 되는 여행 준비물

비치샌들 : 여름이나 해변 등에서 레포츠를 즐길 때는 운동화보다는 비치 샌들이 낫다.
호텔에서는 슬리퍼를 대신해 신어도 된다.
현지에서도 구입할 수 있다.

세탁세트 : 장기여행자나 콘도미니엄 체재자라면 새 제와 소형 빨랫비누 등을 준비하면 편리하다.

팔이나 목에 걸 수 있는 동전지갑
: 팔이나 목에 지갑을 걸면 해양 레포츠 등에 참가할 때 보다 간편하게 움직일 수 있다.

한국음식 : 대도시라면 한국식품점과 요리점이 있으므로 따로 챙기지 않아도 되지만 간단한 양념, 예를 들면 포장된 고추장볶음 정도는 요긴하다.

워크맨과 카세트테이프 혹은 작은 사이즈의 책
: 장거리 여행이라면 평소 즐겨 듣던 노래나 한글 책이 그리워질 때, 이동시간이 긴 경우에 기분전환에 요긴하게 쓸 수 있다.

여행지 출입국 정보

1. 위탁 수하물
위탁 수하물 허용량은 기본적으로 미주지역은 수하물 개수가 기준이 되며, 유럽을 포함한 미주 이외의 지역은 무게가 기준이 된다. (국제선 구간, 성인 기준)

* 비행기에 맡길 수 있는 짐은 행선지와 클래스에 따라 다르다.

A. 수하물 개수가 기준이 되는 경우
해당 지역 : 미국, 미국령, 캐나다, 중남미, 카리브해연안 국가 출도착 구간

허 용 량 : FIRST & BUSINESS CLASS – 최대 3변의 합이 158cm이내인 수하물 2개(1개의 최대 허용 무게는 32kg)
ECONOMY CLASS – 삼면의 합이 158cm이내인 수하물 2개. 단, 2개의 크기의 합이 273cm이내인 것(1개의 최대 허용 무게는 32kg)

B. 수하물 무게가 기준이 되는 경우
해당 지역 : 수하물 개수가 기준이 되는 구간을 제외한 출도착 전 구간

허 용 량 : FIRST CLASS – 40kg
BUSINESS CLASS – 30kg
ECONOMY CLASS – 20kg
(대한항공과 에어프랑스의 경우만 23kg임)

* 전 CLASS 위탁수하물 1개의 최대 허용 무게는 32kg임.

2. 휴대 수하물

휴대 수하물의 경우휴대 수하물은 항공기 안전운항과 편안한 여행을 위하여, 이코노미 클래스인 경우 선반 혹은 좌석 아래에 넣을 수 있는 115cm (55cm x 40cm x 20cm) 이하 10kg(대한항공의 경우 12kg) 이하의 짐 1개이며, 프레스티지 및 비즈니스 클래스와 퍼스트 클래스는 2개까지 반입 가능하다. 이보다 큰 짐은 출국수속 때 따로 부쳐야 한다.

3. 여행지의 출입국
A. 입국

스페인은 3개월 이내의 관광 여행의 경우 비자가 필요 없기 때문에 입국 심사는 간단하다. 국제공항의 경우 EU 가맹국 국민과 그 밖의 나라 국민으로 카운터가 구분돼 있다.

항공을 이용할 경우 주로 마드리드 바라하스공항을 통해 입국한다. 공항에서 시내까지는 공항버스를 이용하여 콜론 광장까지 간다.

기차나 자동차, 배로 입국할 때는 국경 부근에서 입국 절차가 이루어지며, 여권을 보여 주는 것만으로 간단하게 끝난다.

★ 스페인 입국시 면세 범위
카메라 : 2대(1대당 필름 10통)
비디오 카메라 : 1대(필름 10통)
담배 : 200개비 시가 50개
비 알코올 : 22% 이하인 와인 또는 그 이외의 알코올 2ℓ
알코올 : 22% 이상 1ℓ
향수 : 50g
오데 코롱 : 250cc
커피 : 500g
　　　　인스턴트 커피 200g
기타 선물 : 6200pts 이하
통화 제한 : 100만pts 이상 소지한 경우 세관에 신고해야 한다. 단 T/C는 한도에 적용받지 않는다.

** 세관신고서는 작성하지 않는다.

B. 출국

　체크인은 탑승 2시간 전부터 이루어지며, 출국 심사는 여권과 탑승권을 제시하는 것으로 간단히 끝난다. 아울러 스페인 내에서 단품으로 1만 5000pts 이상의 물건을 구입했을 경우 세금을 환급받을 수 있으므로 체크한다.

여행자 기본회화

A. 인사할 때

✖ **Buenos días.**
부에노스 디아스
안녕하세요. * 오전인사

✖ **Buenas tardes.**
부에나스 따르데스
안녕하세요. * 오후인사

✖ **Buenas noches.**
부에나스 노체스
안녕하세요. * 저녁인사

T: ¿Cómo está?
꼬모 에스따
안녕하세요?

P: Mucho gusto.
무초 구스또
만나서 반갑습니다.(처음 뵙겠습니다.)

T: Encantado.
엔깐따도
만나서 반갑습니다.

- **Buen sueño.**
  부엔 수에뇨
  안녕히 주무세요.

- **Hasta pronto.**
  아스따 쁘론또
  잠시 후에 만나요.

- **Hasta mañana.**
  아스따 마냐나
  내일 만나요.

- **Hasta luego.**
  아스따 루에고
  나중에 봅시다.

- **Hasta la vista.**
  아스따 라 비스따
  또 만납시다.

- **¡Buen fin de semana!**
  부엔 휜 데 세마나
  주말을 잘 보내세요!

- **Lo pase muy bien.**
  로 빠세 무이 비엔
  즐거웠습니다.

- **Adiós.**
  아디오스
  안녕히 가십시오.

B. 부탁·양해를 바랄 때

◈ Por favor.
뽀르 파보르
부탁합니다.

◈ Perdon./ Perdneme. / Lo siento mucho.
뻬르돈   뻬르도네메   로 시엔또 무초
실례 합니다.(죄송합니다.)

◈ ¿Puedo abrir la ventana?
뿌에도 아브리를 라 벤따나
창문을 열어도 될까요?

T: ¿Puedo fumar ?
뿌에도 푸마르
담배를 피워도 됩니까 ?

M: Sí, no importa.
씨, 노 임뽀르따
네, 괜찮아요.

P: Por favor.
포르 파보르
부탁합니다.

Q: Tengo algo que pedirle.
땡고 알고 께 뻬디르레
당신한테 부탁할게 있습니다.

※ ¿Puedo sentarme aquí?
뿌에도 쎈따르메 아끼
여기 앉아도 될까요?

※ ¿Puedo pelirle un favor?
뿌에도 뻬디를레 운 파보르
부탁하나 드려도 될까요?

※ ¿Puedo pedirle que me haga un favor?
뿌에도 뻬디를레 께 메 아가 운 파보르
부탁드릴 수 있을까요?

※ Tengo una pregunta.
뗑고 우나 쁘레군따
여쭤볼 것이 있습니다.

※ Háble despacio, por favor.
아블레 데스빠씨오 뽀르 파보르
천천히 말씀해 주세요.

※ ¿Puedo usar el teléfono?
뿌에도 우사르 엘 뗄레포노
전화를 사용할 수 있습니까?

C. 감사와 기원을 말할 때

▧ **Gracias.**
그라시아스
고맙습니다.

▧ **Muchas gracias.**
무차스 그라시아스
대단히 고맙습니다.

▧ **¡Buen viaje!**
부엔 비아헤
좋은 여행이 되기를!

P: **Es usted muy amable.**
에스 우스뗏 무이 아마블레
당신은 매우 친절하십니다.

W: **No hay de qué.**
노 아이 데 께
천만의 말씀입니다.

T: **Muchas gracias por venir.**
무차스 그라시아스 뽀르 베니르
와주셔서 감사합니다.

M: **De nada.**
데 나다
천만의 말씀입니다.

※ Mil gracias.
　밀　그라시아스
대단히 고맙습니다.

※ ¡Salud!
　살룻
건배!

※ Buena suerte.
　부에나　수에르떼
행운을 빕니다.

※ Qué tenga exito.
　께　뗑가　엑시또
성공을 빕니다.

※ ¡Quiero que todo vaya bien!
　끼에로　께　또도　바야　비엔
모든일이 잘 되기를!

※ ¡Que lo pases bien!
　꿰　로　빠쎄스　비엔
좋은 시간이 되기를!

※ ¡Qué pase un buen día!
　께　빠세　운　부엔　디아
좋은 하루 보내세요!

※ ¡Deseo que recupere pronto!
　데세오　께　레꾸뻬레　쁘론또
빨리 회복되기를!

D. 자신을 소개할 때

▨ **Me llamo Cho Seung Hwan.**
메 야모 조 성 환
제 이름은 조성환입니다.

▨ **Soy de Corea.**
소이 데 꼬레아
한국에서 왔습니다.

▨ **Estoy de viaje.**
에스또이 데 비아헤
여행중입니다.

M: **¿De donde es usted?**
데 돈데 에쓰 우스뗏
어디서 오셨습니까?

T: **Soy de Corea**
쏘이 데 꼬레아
한국에서 왔습니다

M: **¿Cómo se llama usted?**
꼬모 쎄 야마 우스뗏
성함이 어떻게 되십니까?

T: **Me llamo Cho Seung Hwan.**
메 야모 조 성 환
내 이름은 조성환입니다.

※ Soy Kim de Seúl.
　소이　김　데　세울
저는 서울서 온 김이라고 합니다.

※ No hablo bien español.
　노　아블로　비엔　에스빠뇰
저는 스페인어를 잘 못합니다.

※ He aquí mi tarjeta.
　에　아끼　미　따르헤따
저의 명함 입니다.

※ Estoy soltero.
　에스또이　솔떼로
저는 미혼입니다.

※ Tengo diecinueve años.
　뗑고　　디에씨누에베　　아뇨스
저는 19살입니다

※ Soy estudiante.
　소이　에스뚜디안떼
저는 학생입니다.

※ Mi afición es cocinar.
　미　아피씨온　에스　꼬씨나르
저의 취미는 요리입니다.

E. 현지인과 대화할 때

※ ¿Qué es esto?
께 에쓰 에스또
이것은 무엇입니까?

※ Esta bien.
에스따 비엔
좋습니다.

※ Sí. / No.
씨   노
예. / 아니요.

T: ¿Cómo está?
꼬모 에스따
안녕하세요?

W: Me alegro de verle
메 알레그로 데 베를레
만나서 반갑습니다.

T: Mucho gusto.
무초 구스또
반갑습니다.

W: Hace buen tiempo.
아쎄 부엔 띠엠뽀
좋은 날씨입니다.

◈ Entiendo.
  엔띠엔도
  알겠습니다.

◈ No se. / No conozco.
  노 세   노 꼬노쓰꼬
  모르겠습니다.

◈ No, gracias.
  노 그라시아스
  아니요. 괜찮습니다. * 사양

◈ Disculpe, señor.
  디스꿀뻬 쎄뇨르
  말씀 좀 묻겠습니다. 선생님.

◈ Hable mas despacio, por favor.
  아블레 마스 데스빠시오 뽀르 파보르
  좀더 천천히 말씀해 주십시요.

◈ Dónde estan los servicios?
  돈데 에스딴 로스 세르비씨오스
  화장실은 어디에 있습니까?

◈ ¿Que es aquello?
  께 에쓰 아께요
  저것은 무엇입니까?

◈ ¿Cómo se usa esto?
  꼬모 쎄 우사 에스또
  이것은 어떻게 사용합니까?

※ ¿Qué tiempo hace hoy?
  께 띠엠뽀 아세 오이
오늘 날씨가 어떻습니까?

※ ¿Qué tiempo har maana?
  께 띠엠뽀 아라 마냐나
내일 날씨는 어떨까요?

※ ¿Que hora es?
  께 오라 에스
지금 몇 시입니까?

T: ¿Cuanto es?
   꾸안또 에쓰
얼마 입니까?

W: doscientos dólares.
   도스씨엔또스 돌라레스
200달러입니다.

T: ¿Que dia es hoy?
   께 디아 에스 오이
무슨 요일 입니까?

W: Hoy es lunes.
   오이 에스 루네스
월요일입니다.

F. 여행자 필수 단어

1. 시간

sequndo	세군도	초
minuto	미누또	분
media hora	메디아 오라	30분
una hora	우나 오라	1시간
ahora	아오라	지금
mediodia	메디오디아	정오
tarde	따르데	오후/저녁
noche	노체	밤
esta noche	에스따 노체	오늘밤
anteayer	안떼아예르	그저께
ayer	아예르	어제
hoy	오이	오늘
mañana	마냐나	내일
pasado mañana	빠사도 마냐나	모레

2. 요일

lunes	루네스	월요일
martes	마르떼스	화요일
miércoles	미에르꼴레르	수요일
jueves	후에베스	목요일
viernes	비에르네스	금요일
sábado	싸바도	토요일
domingo	도밍고	일요일

3. 달

enero	에네로	1월
febrero	페브레로	2월
marzo	마르소	3월
abril	아브릴	4월
mayo	마요	5월
junio	후니오	6월
julio	훌리오	7월
agosto	아고스또	8월
septiembre	쎄띠엡브레	9월
octubre	옥뚜브레	10월

| noviembre | 노비엠브레 | 11월 |
| diciembre | 디씨엠브레 | 12월 |

4. 계절

primaverra	쁘리마베라	봄
verano	베라노	여름
otoño	오또뇨	가을
invierno	인비에르노	겨울

5. 방향

la izquierda	라 이쓰끼에르다	왼쪽
la derecha	라 데레차	오른쪽
el centro	엘 쎈뜨로	중앙
el este	엘 에스떼	동
el oeste	엘 오에스떼	서
el sur	엘 수르	남
el norte	엘 노르떼	북

6. 색깔

| negor | 네그로 | 검정 |

blanco	블랑꼬	흰
rojo	로호	빨강
azul	아술	파랑
amarillo	아마리요	노랑
verde	베르데	초록
gris	그리스	회색
beige	베이헤	베이지색
rosa	로사	분홍색
claro	꼴라르	밝은
oscuro	오스꾸로	어두운

7. 호칭

el señor	쎄뇨르	Mr.
la señorita	쎄뇨리따	Miss.
la señora	쎄뇨라	Mis.

8. 가족

a familia	화밀리아	가족
el padre	파드레	아버지
el hijo	엘 이호	아들

el hermanos	엘 에르마노쓰	형제
la madre	엘 마드레	어머니
la Hija	이하	딸
las hermanas	에르마나쓰	자매
el matrimonio	엘 마뜨리모니오	부부
el marido	마리도	남편
el esposo	에쓰뽀소	
a mujer	무헤르	아내
la esposa	에쓰뽀사	

9. 육하원칙

¿Quien?	끼엔	누구?
¿Cuándo?	꾸안또	언제?
¿Dónde?	돈데	어디?
¿Qué?	께	무엇?
¿Cómo?	꼬모	어떻게?
¿Cuál?	꾸알	어느 것?
¿Cuánto?	꾸안또	얼만큼?

10. 기수 Numeros cardinales

0	cero	쎄로
1	uno	우노
2	dos	도쓰
3	tres	뜨레쓰
4	cuatro	꾸아뜨로
5	cinco	씽꼬
6	seis	쎄이쓰
7	siete	씨에떼
8	ocho	오초
9	nueve	누에베
10	diez	디에쓰
11	once	온쎄
12	docs	도쎄
13	trecs	뜨레쎄
14	catorce	까또르쎄
15	quince	낀쎄
16	dieciseis	디에씨쎄이쓰
17	diecisite	디에씨씨에떼
18	dieciocho	디에씨오초

19	diecinueve	디에씨누에베
20	veinte	베인떼
21	veintiuno	베인띠우노
22	veintidos	베인띠도쓰
23	veintitres	베인띠뜨레쓰
24	veinticuatro	베인띠꾸아뜨로
25	veinticinco	베인띠씽꼬
26	veintiseis	베인띠쎄이쓰
27	veintisiete	베인띠씨에떼
28	veintiocho	베인띠오초
29	veintinueve	베인띠누에베
30	treinta	뜨레인따
40	cuarenta	꾸아렌따
50	cincuenta	씽꾸엔따
60	sesenta	세센따
70	setenta	세뗀따
80	ochenta	오첸따
90	noventa	노벤따
100	ciento	씨엔또
101	ciento uno	씨엔또 우노

102	ciento dos	씨엔또 도쓰
200	doscientos	도쓰씨엔또쓰
300	trescientos	뜨레씨또쓰
400	cuatrocientos	꾸아뜨로씨엔또쓰
500	quinientos	끼니엔또쓰
600	seiscientos	쎄이쓰씨엔또쓰
700	setecientos	쎄떼씨엔또쓰
800	ochocientos	오초씨엔또쓰
900	novecientos	노베씨엔또쓰
1,000	mil	밀
2,500	dos mil quinientas	도스 밀 끼니엔또쓰
3,500	tres mil quinientas	뜨레스 밀 끼니엔또쓰
5,000	Cinco mil	씬꼬 밀
7,000	Siete mil	씨에떼 밀
10,000	diez mil	디에스 밀
100,000	cien mil	씨엔 밀
1,000,000	un millon	운 밀욘

CHAPTER 01.
공항에서 탑승 수속

공항에서 탑승 수속

A. 출국수속 전 체크인 하기

❌ **Quiero un asiento en ventanilla.**
끼에로 운 아시엔또 엘 벤따니야
창측 좌석을 원합니다.

❌ **¿A qué hora embarcamos?**
아 께 오라 엠바르 까모스
몇 시에 탑승합니까?

T: **¿Dónde está el mostrador de Northwest?**
돈데 에스따 엘 모스뜨라도르 데 노스웨스트
노스웨스트 항공사 카운터가 어디에 있습니까?

A: **Allí está**
아이 에스따
저쪽에 있습니다.

C: **¿Tiene algunas maletas?**
띠에네 알구나스 말레따스
짐이 있습니까?

T: **Sí, las tengo. Son 2 bultos en total.**
씨 라스 뗑고 손 도스 불또스 엔 또딸
예, 있습니다. 짐은 전부 2개입니다.

✖ ¿Dónde está la puerta de embarque?
　　돈데　에스따　라　뿌에르따　데　엠바르께

탑승 수속은 어디에서 합니까?

✖ Quiero un asiento en pasillo.
　끼에로　운　아시엔또　엘　빠씨요

통로측 좌석을 원합니다.

✖ ¿Cuál es el número de puerta?
　꾸알 에스 엘　누메로　데　뿌에르따

탑승구는 몇 번입니까?

✖ ¿Dónde está la puerta número siete?
　돈데　에스따　라　뿌에르따　누메로　씨에떼

7번 게이트는 어디입니까?

여행 필수 단어 1

el aeropuerto	엘 아에로뿌에르또	공항
pasaporte	빠싸뽀르떼	여권
billete de avión	비예떼 데 아비온	항공권
billete	비예떼	탑승권
número de asiento	누메로 데 아씨엔또	좌석번호
ida	이다	편도
ida y vuelta	이다 이 부엘따	왕복
equipaje	에끼빠헤	하물
equipaje de mano	에끼빠헤 데 마노	수하물
despeque	데스뻬께	이륙
la llegada	라 예가다	도착
pasajero	빠싸헤로	승객

입국 신고서 작성

ENTRADA / ARRIVAL / ARRIVÉE / بطاقة دخول   AC - 542788

En letras mayúsculas/In capital letters/En lettres capitales

*Apellidos / Surname / Nom / اللقب إسم الأب و العائلة

*Nombre / Given names / Prenom / الإسم الشخصي

*Fecha de nacimiento / Date of birth / Date de naissance / تاريخ الولادة

*Lugar de nacimiento / Place of birth / Lieu de naissance / مكان الولادة

*Nacionalidad / Nationality / Nacionalité / الجنسية

*Dirección en España / Address in Spain / Adresse en Espagne / العنوان في إسبانيا (Calle y n°) / (No. and street) / (No. et rue) / (إسم ورقم الشارع، إسم المنطقة)

*Ciudad / City / Ville / إسم المدينة

*Pasaporte n° / Passport No. / Passeport no. / رقم جواز السفر

*Ciudad de embarco / Embarkation City / Ville d'embarquement / إسم المدينة التي غادر منها

*Vuelo n° / Flight No. / Vol No. / رقم الرحلة   Barco / Ship / Bateau / إسم المركب

*Fecha / Date / Date / بتاريخ

VEHÍCULO / VEHICLE / VÉHICULE / السيارات

*Marca / Mark / Marque / إسم السيارة

*Modelo / Model / Modèle / نوعها

*Matrícula / Number Plate / Plaque / رقم اللوحة

*N° Bastidor / Frame No. / Châssis No. / رقم الهيكل

*RESERVADO A LA ADMINISTRACIÓN / FOR OFFICIAL USE / RESERVÉ POUR L'ADMINISTRATION / يلاءم المهام الرسمية   Estancia válida hasta:

D.G.P. D 159

B. 비행기 탑승

¿Dónde está mi asiento?
돈데 에스따 미 아씨엔또
제 좌석은 어디입니까?

¿A qué hore llega a Madrid?
아 께 오라 예가 아 마드리드
마드리드에 몇 시에 도착합니까?

¿Puedo pasar?
뿌에도 빠사르
지나갈 수 있습니까?

A: Señor, un billete por favor?
쎄뇨르 운 비예떼 뽀르 파보르
탑승권을 보여주시겠습니까?

T: Aquí, está.
아끼 에스따
여기 있습니다.

P: ¿Dónde está mi asiento?
돈데 에스따 미 아씨엔또
제 좌석은 어디입니까?

A: Aquí, esta, cerca de la ventana.
아끼 에스따 쎄르까 데 라 벤따나
여기 창쪽입니다.

T: ¿Dónde está el servicio?
돈데 에스따 엘 세르비씨오
화장실은 어디에 있습니까?

A: Allí está.
아이 에스따
저쪽에 있습니다.

P: ¿Este asiento está libre?
에스떼 아씨엔또 에스따 리브레
이 자리는 빈자리 입니까?

T: Este asiento es mío.
에스떼 아씨엔또 에스 미오
여기는 제 자리입니다.

P: ¿Puedo fumar?
뿌에도 푸마르
담배를 피워도 됩니까?

T: Por supuesto.
뽀르 수뿌에스또
물론입니다.

※ ¿Podría cambiar de asiento conmigo?
　뽀드리아　깜비아르　데　아씨엔또　꼰미고
저와 자리를 바꾸실 수 있습니까?

※ ¡Señores pasajeros, sujétense los
　쎄노레스　빠싸헤로스　수제뗀세　로스
cinturones!
씬뚜로네스
승객 여러분, 벨트를 매어 주십시오.

여행 필수 단어 2

capitán	까비딴	기장
azafata	아사화따	스튜어디스
el servicio	엘 쎄르비씨오	화장실
lu zona de fumar	루 소나 데 푸마르	흡연구역
el boton de llamada	엘 보똔 데 야마나	호출버튼
el periodicos	엘 뻬리오디꼬스	신문
hora local	오라 로깔	현지시각
el cinturón de seguridad 엘 씬뚜론 데 세구리닷		안전벨트
ocupado	오꾸빠도 *화장실 사용표시	사용중
la manta	라 만따	담요
ventanilla	벤따닐야	창측
al pasillo	알 빠씨요	통로측
prohibido fumar	쁘로이비도 푸마르	금연
retraso	레트라소	지연

비행기가 이륙하면
기내에는 'No Smoking'
"Fasten seat belt"
라는 사인이 꺼지고, 승객은 담배를 피운
다든지 시이트를 눕혀서(put back the seat)
편안한 자세를 취할 수 있다. 스튜어디스가 커피,
홍차, 간단한 다과류를 서비스 한 뒤에도 목이 마를 때
에는 스튜어디스를 불러서, 필요한 드링크(soft drinks)
를 무료로 마실 수 있다. 특히, 퍼스트 클라스(First class cabin)에서는 소프트 드링크 외에도 자기가 즐기는 위스키
(Whisky), 샴페인(Champagne), 와인(Wine),
하드(Hard), 독한 술을 무료로 마실 수 있다.

탑승권에 명기된 좌석에 앉아야 하며 이륙 후에는 자리
이동이 가능하다. -이·착륙 시에는 반드시 의자를
똑바로 세우고 안전벨트를 매도록 합니다.
"Fasten Your Seatbelt"
혹은 안전벨트 그림에 불이 들어올 경우 안전벨트를
매도록 합니다. -기내에서 양말까지 벗고
있는 것은 큰 실례! -무거운 짐을
선반 위에 올려 놓으면
위험할 수 있습니다.

CHAPTER 02.
기내 생활

MEMO

기내 생활

A. 음료 서비스

※ ¿Qué quiere beber?
  께 끼에레 베베르
  무엇을 마시고 싶으세요?

※ Jugo de naranja, por favor.
  우고 데 나랑하 뽀르 파보르
  오렌지 주스 주세요.

※ ¿Qué hay?
  께 아이
  무엇이 있습니까?

T: Algo de beber, por favor.
   알고 데 베비다 뽀르 파보르
   마실 것 좀 주세요.

W: ¿Que quiere beber?
   께 끼에레 베베르
   무엇을 마시고 싶으세요?

T: Te, por favor.
   떼 뽀르 파보르
   차 한 잔 주세요.

49

W: ¿Qué quiere beber?
　　께　끼에레　베베르
무엇을 마시고 싶으세요?

T: Agua, por favor.
　아구아　뽀르　파보르
물 좀 주세요.

P: ¿Qué hay?
　께　아이
무엇이 있습니까?

W: Café, coca cola, vino y cerveza.
　까페　꼬까　꼴라　비노 이　세르비사
커피, 코카콜라, 포도주, 맥주가 있습니다.

P: Coca cola, por favor.
　꼬까　꼴라　뽀르　파보르
코카콜라 주세요.

여행 필수 단어 3

una cerveza	우나 쎄르베사	맥주
un cafe	카페	커피
una coca cola	코카콜라	콜라
un jugo de naranja	운 우고 데 나랑하	오렌지쥬스

B. 기내 휴식

※ ¿Puede traerme una manta?
뿌에데 뜨라에르메 우나 만따
모포를 주시겠습니까?

※ ¿Quiere apagar la luz?
끼에레 아빠가를 라 루스
불을 좀 꺼주시겠습니까?

T: ¿Puede traerme otro almohadón?
뿌에데 뜨라에르메 오뜨르 알모아돈
베개를 하나 더 주시겠어요?

W: Sí, aquí está.
씨 아끼 에스따
예 여기 있습니다.

T: ¿Puedo reclinar el asiento?
뿌에도 레끌리나르 엘 아씨엔또
의자를 뒤로 젖혀도 되겠습니까?

P: Sí, puede hacerlo.
씨 뿌에데 아쎄를로
예, 괜찮습니다.

C. 기내 식사

W: Para comer hay carne, polloy y pescado.
　　빠라　꼬메르　아이　까르네　뽀요 이　뻬스까도
　　쇠고기, 닭고기, 생선이 있습니다.

T: ¿Podría tomar la comida más tarde?
　　뽀드리아　또마를　라　꼬미다　마스　따르데
　　나중에 식사를 해도 됩니까?

W: Para comer hay carne, polloy y pescado.
　　빠라　꼬메르　아이　까르네　뽀요 이　뻬스까도
　　쇠고기, 닭고기, 생선이 있습니다.

T: Prefiero la carne de vaca.
　　쁘레휘에로　라　까르네　데　바까
　　쇠고기 요리로 주세요.

W: ¿Ha terminado?
　　아　떼르미나도
　　식사 다 하셨습니까?

T: Sí, he terminado. ¿Quiere usted darme
　　씨, 아　떼르미나도　　끼에레　우스뗏　다르메
　　algo de beber?
　　알고　데　베베르
　　네, 잘 먹었습니다. 마실 것 좀 주시겠어요?

W: Sí, señor. Trigolo un rato.
　　씨　세뇨르　뜨라이골로　운　라또
　　네, 선생님 곧 가지고 오겠습니다.

D. 신문 잡지 영화 음악

※ Tráigame un periódico en coreano.
뜨라이가메 운 빼리오디꼬 엔 꼬레아노
한국어 신문을 주세요.

※ Mi auricular no funciona bien.
미 아우리꿀라르 노 푼씨오나 비엔
제 헤드폰이 작동하지 않습니다.

※ Va a empesar la película.
바 아 엠뻬사르 라 뻴리꿀라
곧 영화가 시작합니다.

T: ¿Hay revistas en coreano?
아이 레비스따스 엔 꼬레아노
한국어 잡지 있습니까?

W: Sí, tenemos.
씨 떼네모스
예, 있습니다.

P: ¿Puede traerme una revista?
뿌에데 뜨라에르메 우나 레비스따
잡지 좀 갖다 주시겠습니까?

W: No tenemos revistas pero tenemos
노 떼네모스 레비스따스 페로 떼네모스
periódicos.
빼리오디꼬
잡지는 없고 신문은 있습니다.

P: Está Bien. Un periódicos, por favor.
에스따 비엔 운 뻬리오디꼬 뽀르 파보르
좋습니다. 신문을 주십시오.

Los auriculares no funcionan bien.
로스 아우리꿀라레스 노 푼씨오난 비엔
이어폰이 작동하지 않습니다.

W: Va a empesar la pelicula.
바 아 엠뻬사르 라 펠리꿀라
곧 영화가 시작합니다.

T: No se ve bien la película. ¿No hay
노 쎄 베 비엔 라 펠리꿀라 노 아이
otro asiento libre?
오뜨로 아씨엔또 리브레
영화가 잘 안 보입니다. 다른 빈자리 없습니까?

W: Espere un momento, por favor.
에스뻬레 운 모멘또 뽀르 파보르
잠시만 기다려 주십시오.

el baño
엘 바뇨
화장실

ocupado 오꾸빠도 사용중

libre 리브레 비어있음

Cierre la puerta con llave.
씨에레 라 뿌에르따 꼰 이아베
문을 잠그세요.

el cinturón de seguridad
엘 씬뚜론 데 세구리닷
안전벨트

la boisa de mareo
라 볼사 데 마레오
멀미주머니

el mareo
엘 마레오
멀미

E. 몸이 불편할 때

❌ Estoy un poco mareado.
  에스또이 운 뽀꼬 마레아도
  멀미가 좀 납니다.

❌ ¿Tiene algún digestivo?
  띠에네 알군 디헤스따보
  소화제 있습니까?

❌ Tengo dolor de cabeza.
  뗑고 돌로르 데 까베사
  머리가 아픕니다.

T: Estoy un poco mareado. Tráigame
  에스또이 운 뽀꼬 마레아도 뜨라이가메
  una pastilla para el mareo, por favor.
  우나 빠스띨야 빠라 엘 마레오 뽀르 파보르
  멀미가 좀 납니다. 멀미약 좀 주세요.

W: Si, señor. ¿Algo más?
  씨 세뇨르 알고 마스
  네, 알겠습니다. 다른 것도 필요하세요?

T: ¿Puede traerme alguna medicina
  뿌에데 뜨라에르메 알구나 메디시나
  para el dolor de cabeza?
  빠라 엘 돌로르 데 까베사
  두통약을 주시겠어요?

W: ¿Cómo se siente ahora?
　　꼬모 씨 씨엔떼 아오라
기분이 어떠십니까?

T: Tengo dolor de cabeza.
　　뗑고 돌로르 데 까베사
머리가 아픕니다.

Tráigame una medicina, por favor.
뜨라이가메 우나 메디시나 뽀르 파보르
약을 좀 주세요.

Q: ¿Tiene medicina contra el mareo?
　　띠에네 메디씨나 꼰뜨라 엘 마레오
멀미약이 있습니까?

P: Tengo fiebre.
　　뗑고 피에브레
열이 있습니다.

H: Estoy resfriado.
　　에스또이 레스프리아도
감기에 걸렸어요.

T: Tengo mucho tos.
　　뗑고 무초 또스
기침이 많이 납니다.

F. 기내 쇼핑(면세점)

※ ¿Cuánto es?
꾸엔또 에스
얼마입니까?

※ ¿No hay otro más barato?
노 아이 오뜨로 마스 바라또
좀 싼 것은 없습니까?

※ ¿Puedo pagar con la tarjeta de crédito?
뿌에도 빠가르 꼰 라 따르헤따 데 끄레디또
신용카드로 결제할 수 있습니까?

T: ¿Tienen cigarrillos?
띠엔넨 씨가리이요스
담배 있습니까?

W: Sí, la·tengo.
씨 라 뗑고
예, 있습니다.

T: Deme un cartón.
데메 운 까르똥
한 보루 주세요.

P: ¿Tienen corbatas?
띠엔넨 꼬르바따스
넥타이 있습니까?

T: ¿Tienen cosmeticos?
띠에넨 꼬스메띠꼬스
화장품 있습니까?

W: Sí, la tengo.
씨 라 뗑고
예, 있습니다.

T: Quiero comprar este perfume.
끼에로 꼼쁘라르 에스떼 뻬르푸메
이 향수를 사고 싶어요.

P: ¿Puedo comprar artículos lebres de
뿌에도 꼼쁘라르 아르띠꿀로스 리브레스 데
impuestos?
임뿌에스또스
면세품을 살 수 있습니까?

T: Quiero comprar esto.
끼에로 꼼쁘라르 에스또
이것을 사고 싶은데요.

G. 기내에서 입국 신고서 작성

🗶 **Enséname cómo llenar este documento.**
엔세냐메 꼬모 예나르 에스떼 도꾸멘또
이 서류를 어떻게 써야 하는지 가르쳐 주십시오.

🗶 **Rellene este formulario, por favor.**
레예네 에스떼 포르물라리오 뽀르 파보르
입국신고서를 작성해 주세요.

🗶 **Tenga la bondad de llenar este formulario.**
뗑가 라 본닫 데 예나르 에스떼 훠르물라리오
이 서식에 채워 주세요.

T: ¿Qué se pone aquí?
께 세 뽀네 아끼
여기에 무엇을 써야 합니까?

W: Srvanse ustedes declarar en este
시르반세 우스떼데스 데끌라라르 엔 에스떼
formulario todo el dinero que llevan
훠르물라리오 또도 엘 디네로 께 예반
y otras cosas necesarias.
이 오뜨라스 꼬사스 네세사리아스
이 서식에 소지하신 돈 전부와 그밖에 필요한
사항을 신고 하여 주십시오.

T: Demé un formulario de inmigración.
데메 운 포르물라리오 데 인미그라씨온
입국신고서 한 장 주세요.

국제공항의 경우 EU 가맹국 국민과 그 밖의 나라 국민으로 카운터가 구분돼 있다. 항공을 이용할 경우 주로 마드리드 바라하스공항을 통해 입국한다. 공항에서 시내까지는 공항버스를 이용하여 콜론 광장까지 간다.

기차나 자동차, 배로 입국할 때는 국경 부근에서 입국 절차가 이루어지며, 여권을 보여 주는 것만으로 간단하게 끝난다.

* **입국시 면세 범위**
카메라 : 2대(1대당 필름 10통)
비디오카메라 : 1대(필름 10통)
담배 : 200개비 시가 50개
비 알코올 : 22% 이하인 와인 또는 그 이외의 알코올 2ℓ
알코올 : 22% 이상 1ℓ
향수 : 50g
오데 코롱 : 250cc
커피 : 500g
   인스턴트 커피 200g
기타 선물 : 6200pts 이하
통화 제한 : 100만pts 이상 소지한 경우 세관에 신고해야 한다. 단 T/C는 한도에 적용받지 않는다.

CHAPTER 03.
여행지 공항 도착

여행지 공항 도착

A. 입국심사

🗙 ¿Cuál es el motivo de su viaje?
꾸알 에스 엘 모띠보 데 수 비아헤
여행 목적이 무엇입니까?

🗙 ¿Cuántos días piensa quedarse?
꾸안또스 디아스 삐엔사 께다르세
얼마를 머물 예정입니까?

🗙 ¿Dóndo va a hospedarse?
돈데 바 아 오스뻬다르세
어디에서 숙박하실 것입니까?

W: Pasaporte, por favor.
빠사뽀르떼 뽀르 파보르
여권 좀 보여 주시겠습니까?

T: Aquí tiene.
아끼 띠에네
여기 있습니다.

W: ¿Cuál es el motivo de su viaje?
꾸알 에스 엘 모띠보 데 수 비아헤
여행 목적이 무엇입니까?

T: Para turismo.
　　빠라　뚜리스모
　관광입니다.

W: ¿Cuántos días piensa quedarse?
　　꾸안또스　디아스　삐엔사　께다르쎄
　얼마를 머물 예정입니까?

T: Diez dias
　　디에스 디아스
　10일 머물 것입니다.

W: ¿Dóndo va a hospedarse?
　　돈데　바 아　오스뻬다르세
　어디에서 숙박하실 것입니까?

T: Quiero alojarme en el hotel.
　　끼에로　알로하르메　엔 엘 오뗄
　호텔에 묵을 겁니다.

W: ¿Está viajando solo?
　　에스따　비아칸도　쏠로
　혼자 여행하십니까?

T: Sí, estoy viajando solo.
　　씨 에스또이　비아칸도　쏠로
　예, 여행중입니다.

W: ¿Tiene usted el billete de vuelta?
　　띠에네 우스뗏 엘 빌예떼 데 부엘따
　돌아가실 항공권은 있습니까?

T: Sí, tengo.
   씨 뗑고
   예, 가지고 있습니다.

W: ¡Que tenga buen viaje!
   께   뗑가 부엔 비아헤
   즐거운 여행이 되시길 바랍니다.

T: Muchas gracias
   무챠스   그라시아스
   대단히 감사합니다.

W: ¿Por negocio o por torismo?
   뽀르 네고씨오 오 뽀르 뚜리스모
   사업차입니까? 관광여행입니까?

P: Negocio.
   네고씨오
   사업차 왔습니다.

W: ¿Cuántos días piensa quedarse?
   꾸안또스 디아스 삐엔사   께다르쎄
   얼마를 머물 예정입니까?

P: Uno meses, más o menos.
   우노 메세스   마스 오 메노스
   약 1개월 머물 것입니다.

W: ¿Dóndo va a hospedarse?
돈데 바 아 오스뻬다르세
어디에서 숙박하실 것입니까?

P: Voy a la case de mi amigo.
보이 알 라 까사 데 미 아미고
친구 집에 가려고 합니다.

W: ¡Que tenga buen viaje!
께 뗑가 부엔 비아케
즐거운 여행이 되시길 바랍니다.

T: Muchas gracias
무챠스 그라시아스
대단히 감사합니다.

W: Ni lo mencione.
니 로 멘시오네
천만의 말씀입니다.

Voy a visitar a mis parientes.
보이 아 비씨따르 아 미스 빠리엔떼스
친척들을 방문하려고 합니다.

Para participar en una conferencia.
빠라 빠르띠시빠르 엔 우나 꼰페렌시아
회의에 참석하려고 왔습니다.

B. 수하물을 찾을 때

▣ No puedo encontrar mi equipaje.
　노　뿌에도　엔꼰드라르　미　에끼빠헤
짐을 찾을 수가 없습니다.

▣ ¿Dónde se puede recoger el equipaje?
　돈데　세　뿌에데　레꼬헤르　엘　에끼빠헤
어디에서 짐을 찾을 수 있습니까?

▣ Me falta una maleta.
　메　팔따　우나　말레따
가방 한 개가 부족합니다.

T: Quiero recoger el equipaje.
　끼에로　레꼬헤르　엘　에끼빠헤
수하물을 찾고 싶습니다.

W: ¿En qué vuelo llegó usted?
　엔　께　부엘로　예고　우스뗏
어느 비행기로 오셨습니까?

T: En Northwest 615.
　엔　노스웨스트　쎄이쓰 우노 씽꼬
노스웨스트 615편으로 왔습니다.

W: Siga este pasillo.
　씨가　에스떼　빠씨요
이 통로를 따라 가세요.

C. 세관심사

▨ Su pasaporte y declaracion, por favor.
수 빠사뽀르떼 이 데끌라라씨온 뽀르 파보르
여권과 신고서를 보여 주세요.

▨ ¿Tiene algo de declarar?
띠에네 알고 데 데끌라라르
신고하실 물건이 있습니까?

▨ Son mis cosas personales.
손 미스 꼬사스 뻬르소날레스
제 개인소지품입니다.

W: Su pasaporte y declaración, por favor.
수 빠사뽀르떼 이 데끌라라씨온 뽀르 파보르
여권과 신고서를 보여 주세요.

T: Aquí tiene.
아끼 띠에네
여기 있습니다.

W: ¿Tiene algo de declarar?
띠에네 알고 데 데끌라라르
신고하실 물건이 있습니까?

T: No, nada.
노 나다
아니오, 없습니다.

W: ¿Qué tiene usted en la maleta?
 께 띠에네 우스뗏 엔 라 말레따
가방에 무엇이 들어 있습니까?

T: Son mis cosas personales.
 손 미스 꼬사스 뻬르소날레스
제 개인소지품입니다.

W: Está bien.
 에스따 비엔
좋습니다.

T: No tengo nada de declarar.
 노 뗑고 나다 데 데끌라라르
저는 신고할 것을 갖고 있지 않습니다.

W: ¿Puede abrir esta maleta?
 뿌에데 아르리르 에스따 말레따
이 가방 좀 열어 주시겠습니까?

T: Sólo tengo ropas y unas cosas personales.
 쏠로 뗑고 로빠스 이 우나스 꼬사스 뻬르소날레스
옷과 개인 소지품만 갖고 있습니다.

W: Que es esto?
 께 에스 에스따
이것은 무엇입니까?

T: Son regalos para mis amigos.
 손 레갈로스 빠라 미스 아미고스
친구들에게 줄 선물입니다.

W: ¿Tiene usted algo que declarar?
  띠에네 우스뗏 알고 께 데끌라라르
뭔가 신고 하실 물건이 있습니까?

T: Nada. No tengo ms que cosas de uso
  나다 노 땡고 마스 께 꼬사스 데 우소
personal.
베르소날
아무것도 없습니다. 내 소지품 밖에 없습니다.

W: ¿No tiene usted objetos prohibidos?
  노 띠에네 우스뗏 오브헤또스 쁘로이비도스
금지품을 가지신 건 없습니까?

T: No tengo nada de eso.
  노 땡고 나다 데 에소
그와 같은 것은 하나도 갖고 있지 않습니다.

W: ¿Que tiene usted en este bal?
  께 띠에네 우스뗏 엔 에스떼 바울
이 트렁크에는 무엇이 들어 있습니까?

T: Sólo tengo ropa.
  솔로 땡고 로빠
옷만 있습니다.

W: ¿Cuántas maletas tiene usted, señor?
  꾸안따스 말레따스 띠에네 우스뗏 쎄뇨르
가방을 몇 개나 갖고 계십니까?

T: Una maleta grande y una pequenas.
　　우나　말레따　그란데　이 우나　뻬께냐스
　　큰 가방 한 개와 작은 가방 한 개를 갖고 있습니다.

W: ¿Qué hay en aque bal ?
　　께　아이　엔　아께　바울
　　저 트렁크에는 무엇이 들어 있습니까?

T: Tengo dos botellas de whisky.
　　뗑고　도스　보떼야스　데　위스끼
　　위스키 두병을 갖고 있습니다.

W: ¿Cuánto debo en total ?
　　꾸안또　데보　엔　또딸
　　전부 얼마 입니까?

T: doscientos dólares.
　　도스씨엔또스　돌라레스
　　200달러입니다.

　　¿Tengo que pagar impuestos?
　　뗑고　께　빠가르　임뿌에스또스
　　제가 세금을 내야 합니까?

W: Es todo. Ya puede irse.
　　에스 또도　야　뿌에데 이르쎄
　　가셔도 좋습니다.

여행 필수 단어 4

la tarjeta de entrada	라 따르헤따 데 엔뜨라다	입국카드
el pasaporte	엘 빠사뽀르데	여권
apellido	아뻬이도	성
nombre	놈브레	이름
la nacionalidad	라 나씨오날리닷	국적
la dirección	라 디렉씨온	주소
fecha de nacimiento	페차 데 나씨미엔또	생년월일
objeto de la visita	오브헤또 데 라 비시따	여행목적
duración de la estancia 두라씨온 데라 에스딴씨아		체류기간
los articulos sin impuesto 로스 아르띠꿀로스 씬 임뿌에스또		수하물 찾는 곳
facturación	팍뚜라씨온	수하물 취급소
pérdida	뻬르디다	분실
objeto pérdida	오브헤도 뻬르디다	분실물
la maleta	라 말레따	가방
la mochila	라 모칠라	배낭
exento de impuesto	엑센또 데 임뿌에스또	면세
declarar	데끌라라르	신고하다
declaración de aduana 데끌라라씨온 데 아두아나		세관신고서
impuesto	임뿌에스또	세금
la cámara	라 까마라	카메라
bebida alcohólica	베비다 알꼬올리까	술
cigarrillos	씨가리요스	담배
el individual	엘 인디비두알	개인

D. 공항내 편의시설 이용(환전)

※ ¿Hasta qué hora está abierta el banco?
아쓰따 께 오라 에스따 아비에르따 엘 방꼬
은행은 몇 시까지 문을 엽니까?

※ ¿A cómo está el cambio de hoy?
아 꼬모 에스따 엘 깜비오 데 오이
오늘의 환율은 얼마입니까?

※ Cambie este billete en monedas.
깜비에 에스떼 빌예떼 엔 모네다스
이 지폐를 동전으로 바꿔 주세요.

T: ¿Dónde está el banco?
돈데 에스따 엘 방꼬
은행은 어디입니까?

W: Sí, está allí.
씨 에스따 아이
네, 저쪽에 있습니다.

T: Aprecio su gran amabilidad.
아쁘레시오 수 그란 아마빌리다드다
도와주셔서 감사합니다.

W: De nada.
데 나다
천만에요.

T: Quiero cambiar este cheque de viaje
　 께에로　깜비아르　에스떼　체께　데　비아헤
en efectivo.
엔　에펙띠보
이 여행자수표를 현금으로 바꾸려 합니다.

C: Su pasaporte, por favor.
　 수　빠사뽀르떼　뽀르 파보르
여권을 보여 주세요.

T: Aquí tiene.
　 아끼　띠에네
여기 있습니다.

C: Sí, firme aquí. Señor. ¿Cómo quiere
　 씨　피르메　아끼　세뇨르　꼬모　끼에레
el dinero?
엘　디네로
네, 여기에 사인을 해 주십시오. 돈을 어떻게 드릴까요?

T: Deme dos billetes de 100 euros y
　 데메　도스　빌예떼스　데　씨엔 에우로스 이
el resto suelto.
엘　레스또　수엘또
100유로 2장, 나머지는 잔돈으로 주세요.

※ Suelto, por favor.
　수엘또　뽀르 파보르
잔돈으로 주십시오.

※ Cámbieme doscientos dólares.
　깜비에메　　도스씨엔또스　돌라레스
200달러를 바꿔 주세요.

※ ¿Cuánto es de comisión?
　꾸안또　에스　데　꼬미씨온
수수료는 얼마입니까?

P: ¿Dónde está la oficina de cambio?
　돈데　에스딸 라 오피씨나 데 깜비오
환전소가 어디에 있습니까?

W: Esta al lado de la sala de espera.
　에스따 알 라도 데 라 살라 데 에스뻬라
대합실 옆에 있습니다

P: Quiero cambiar este cheque de viaje
　끼에로　깜비아르　에스떼　체께　데 비아헤
en euros.
엔 에우로스
이 여행자 수표를 유로화로 바꾸려 합니다.

C: ¿Qué clase de moneda quiere usted?
　께　끌라세 데　모네다　끼에레 우스뗏
어떤 돈을 원하십니까?

T: Demé veinte billetes de quinientos,
　　데메　　베인떼　빌예떼스　데　끼니엔또스

diez de doscientos y el resto en billetes
디에스 데　도스씨엔또스　이 엘 레스또　엔 빌예떼스

de cien euros.
데　씨엔　에우로스

500유로 짜리 20장, 200유로 짜리 10장, 그리고 나머지는 100유로 짜리로 주세요.

여행 필수 단어 5

el billete	엘 빌예떼	지폐
el efectivo	엘 에펙띠보	현금
el cheque	엘 체께	수표
el suelto	엘 수엘또	잔돈
moneda metálica	모네다 메딸리까	동전
la firma	라 피르마	서명
euros	에우로스	유로
comisión	꼬미시온	수수료
cheque de viaje	체께 데 비아헤	여행자 수표
banco	방꼬	은행

E. 공항내 편의시설 이용(관광 안내소)

■ ¿Tiene un mapa de la ciudad?
　띠에에 운 마빠 데 라 싸우닷
시내 지도가 있습니까?

■ ¿Hay autobús para ir al centro?
　아이 아우또부스 빠라 이르 알 쎈뜨로
시내로 가는 버스가 있습니까?

■ ¿Cuánto tiempo se tarda en llegar al
　꾸안또 띠엠뽀 세 따르다 엔 예가르 알
centro de aquí?
쎈뜨로 데 아끼
여기에서 시내까지 얼마나 걸립니까?

T: ¿Dónde está la oficina de información
　 돈데 에스따 라 오피씨나 데 인포르마씨온
de turismo?
데 뚜리스모
관광안내소가 어디에 있습니까?

W: Sí, está allí.
　 씨 에스따 아이
네, 저쪽에 있습니다.

T: ¿Dónde se toma el taxi?
　 돈데 세 또마 엘 딱시
택시는 어디에서 탈 수 있습니까?

공항에서 여행지로 이동

바라하스 국제 공항은 유럽및 전세계로 가는 다양한 항공이 취항하는 공항으로 공항간 시내는 메트로를 이용하면 편리하게 이동할 수 있다.

버스
시외버스를 타고 이동하면 열차가 다니지 않는 외지까지 갈 수 있으므로 편리하다. 평상시에는 출발1시간 전에 미리 예약을 하도록 한다. 각 도시에는 보통 1개의 버스 터미널이 있어 안내데스크에서 정보를 얻을 수 있다. 각 도시에서는 시내버스를 타고 이동한다. 큰 도시의 경우 버스노선도가 있어서 편리하게 이용할 수 있다.

시벨레스 광장을 기점으로 방사망처럼 연결하고 있다. 차체 색에 따라 2가지의 노선버스가 있으며 오전 6시부터 늦은 시간까지 운행을 한다. 현지 지리에 익숙하지 않으면 이용하기가 불편하므로 사전에 내릴 곳을 정확히 확인 후 타야 한다.

지하철

10개의 노선이 오전 6시부터 저녁 1시 30분까지 운행을 하며, 주요 관광지를 지나므로 관광객들에게도 무척 편리하다. 요금은 전노선이 동일하며 1회 130pts이다. **Bone Metro** 라는 티켓은 680pts로 10회 사용이 가능하다. 역 입구에 메트로(METRO)라는 표시가 되어 있으며 갈아타는 곳은 코레스폰덴시아(Correspondencia)라는 빨간 표시, 출구는 살리다(Salida)이다. 지하철 노선도를 사전에 미리 입수하여 목적지를 가는 정확한 노선을 파악하는 것이 좋다

택시

마드리드의 택시는 개인 택시 시스템으로 친절하고 요금이 저렴하여 이용할 만하다. 기본 요금은 170pts , 심야, 경축일, 일요일, 공항행인 경우에는 할증이 붙고, 5~10%의 팁을 주어야 한다. 시내 안에서는 700pts 정도로 이용을 할 수가 있고 어느 곳에서든 탈 수가 있다. 앞에 '**Libre**' 라고 쓰여져 있는 차가 빈 택시이다.

렌터카

공항이나 철도역 구내, 관광지 주변에서 쉽게 렌터카 영업소를 발견할 수 있다. 차를 빌리려면 만 23세 이상, 운전 경력 1년 이상에 국제운전면허증이 필요하다. 대여료는 소형차의 경우 24시간에 7000pts, 일주일에 4만pts 정도

스페인의 운전자들은 시내에서도 상당히 속력을 내기 때문에 여행객이 준비 없이 운전하는 것은 위험하다. 따라서 시내 관광은 대중 교통을 이용하고, 렌터카는 교외나 지방을 여행할 때 이용하는 것이 좋다

기차

기차고속열차인 아베(AVE)를 비롯하여 여러 종류의 열차가 있다. 스페인의 국철은 RENEF로 스페인 국내 여행시 편리하다. 기차의 종류는 TALGO, INTER CITY, TER, EXPRRESOS, RAPIDOS 등이 있으며 기차마다 요금이 다르다. TALGO가 가장 비싸고 빠르다. 유레일 패스 소지시 무료 또는 할인받아 탈 수 있다. 행선지마다 예약을 해야만 탈 수 있는 경우가 있다.

스페인 플렉시 패스(Spain Flexi Pass)를 이용하면 2개월의 유효기간 중 3~10일의 적용기간 동안 마음대로 스페인 국철을 탈 수 있다. 'Salidas'는 출발, 'Llegadas'는 도착을 의미한다.

AVE는 마드리드, 세빌리아를 경유하여 코르도바까지 달리는 초고속 열차로 시속 300km로 달린다. 좌석은 Tourist와 Preferente로 나뉘며, Club이라고 불리는 고급 카테고리를 제공한다. 탑승 시 좌석에 따라 잡지와 비디오 등의 클럽 엑스트라 서비스를 제공한다. 탑승은 예약에 의해서만 가능하며, 유레일 티켓은 통용되지 않는다.

CHAPTER 04.
호텔

1	2	3	4	5

MEMO

호텔

A. 여행전 예약

▧ Quiero reservar una habitación.
　끼에로　레세르바르　우나　아비따씨온
　방을 예약하고 싶습니다.

▧ Quiero una habitación grande con una
　끼에로　우나　아비따씨온　그란데　꼰　우나
　cama doble.
　까마　도블레
　더블 베드가 딸린 큰 방을 원합니다.

▧ ¿Cuánto cuesta por una noche?
　꾸안또　꾸에스따　뽀르　우나　노체
　하루 숙박료가 얼마입니까?

W: KL Hotel. ¿En qué puedo servirle?
　　깔 오뗄　엔 께 뿌에도 쎄르비를레
　　KL호텔입니다. 무엇을 도와 드릴까요?

T: Quiero reservar una habitación.
　　끼에로　레세르바르　우나　아비따씨온
　　방을 예약하고 싶습니다.

W: ¿Qu clase de habitación desea usted?
　　께 끌라세 데 아비따씨온 데세아 우스뗏
　　어떤 방을 원하십니까?

T: Quiero una habitacion con dos camas.
　　끼에로　우나　아비따시온　꼰　도스　까마
트윈 룸을 원합니다.

W: Sí, tenemos.
　　씨　떼네모스
예, 있습니다.

T: ¿Cuánto cuesta por una noche?
　　꾸안또　꾸에스따　뽀르　우나　노체
하루 숙박료가 얼마입니까?

W: Son sesenta euros por una noche.
　　손　세센따　에우로스　뽀르　우나　노체
하루에 60유로입니다.

T: Bien.　Voy a quedarme con esta habitación.
　　비엔　보이 아　께다르메　꼰　에스따
　　아비따씨온
좋습니다. 그 방으로 하겠습니다.

W: ¿Su nombre, por favor?
　　수　놈브레　뽀르　파보르
이름이 어떻게 되십니까?

T: Me llamo Cho Seung Hwan.
　　메　야모　조　성　환
제 이름은 조성환입니다.

W: KL Hotel. ¿En que puedo servirle?
깔 오뗄 엔 께 뿌에도 쎄르비를레
KL호텔입니다. 무엇을 도와 드릴까요?

T: Quiero reservar una habitación con buena
끼에로 레쎄르바르 우나 아비따씨온 꼰 부에나
vista. ¿Tienen una habitación libre?
비스딱 띠에넨 우나 아비따씨온 리브레
전망이 좋은 방을 예약하고 싶습니다. 빈 방 있습니까?

W: Lo siento.
로 씨엔또
미안합니다.
Todas habitaciónes estan reservadas.
또다스 아비따씨온스 에스딴 레쎄르바다스
모두 예약되어 있습니다.

T: ¿Puedo recomendarme otro hotel?
뿌에도 레꼬멘다르메 오뜨로 오뗄
다른 호텔을 소개 해 주십시오.

여행 필수 단어 6

habitación sencillo	아비따씨온 센씰요	
cuarto sencillo	꾸아르또 센씰요	싱글룸
habitación doble	아비따씨온 도블레	
cuarto doble	꾸아르또 도블레	더블룸
habitación con dos camas		트윈룸
아비따씨온 꼰 도스 까마스		

 호텔은 규모나 시설에 따라 5등급으로 나뉘며 별의 수가 많을수록 고급이며 요금이 비싸다. 호스탈은 호텔보다 수준은 낮지만 깨끗하고 요금도 저렴하다. 별 1개에서 3개까지 3등급으로 나누어져 있다. 우리나라의 여관, 하숙과 비슷한 곳인 펜시온은 저렴하지만 다양한 설비를 갖추고 있어 편안하고 친절한 서비스를 받을 수 있다. 레스토랑이 없는 호텔 또는 호스탈인 레지덴시아는 바(BAR)와 커피 바 등이 있으며 아침식사와 룸서비스를 제공받을 수 있다. 호텔이나 오스탈 뒤에 R이 붙은 것이 호텔 레지덴시아, 오스탈 레지덴시아이다. 스페인에서 특별히 볼 수 있는 숙박 형태인 파라도르는 대부분 옛 성이나 궁전, 수도원 등 예술적 가치가 있고 역사적으로 기념할 만한 건물을 개조하여 만든 것으로 이곳에서는 최상급 수준의 호텔시설과 서비스를 제공한다.

B. 현지에서 전화예약

❌ Quiero reservar un hotel para esta noche.
끼에로 레세르바르 운 오뗄 빠라 에스따 노체
저는 오늘밤 묵을 호텔을 예약하려고 합니다.

❌ ¿Está incluido el desayuno?
에스따 인끌루이도 엘 데사유노
아침 식사 요금이 포함되어 있습니까?

❌ ¿Hay alguna habitación más barata?
아이 알구나 아비따씨온 마스 바라따
더 싼 방이 있습니까?

W: SEGOVIA Hotel. ¿En qué puedo servirle?
쎄고비아 오뗄 엔 께 뿌에도 쎄르비를레
세고비아 호텔입니다. 무엇을 도와 드릴까요?

T: ¿Tiene habitacion libre para esta noche?
띠에네 아비따씨온 리브레 빠라 에스따 노체
오늘밤 묵을 수 있는 빈방이 있습니까?

W: ¿Qué clase de habitación desea usted?
께 끌라세 데 아비따시온 데세아 우스뗏
어떤 방을 원하십니까?

T: Quiero una habitación doble.
끼에로 우나 아비따씨온 도블레
더블 룸을 원합니다.

W: Si, tenemos.
씨   떼네모스

예, 있습니다.

¿Cuántos noches va a quedarse?
꾸안또스   노체스   바 아   께다르세

며칠 밤 묵으실 겁니까?

T: Tres noches.
뜨레스   노체스

3일 밤 입니다.

¿Cuánto cuesta por una noche?
꾸안또   꾸에스따   뽀르   우나   노체

하루에 얼마입니까?

W: Son noventa euros por una noche.
손   노벤따   에우로스   뽀르   우나   노체

하루에 90유로입니다.

T: Bien. Voy a quedarme con esta habitación.
비엔   보이 아   께다르메   꼰   에스따   아비따씨온

좋습니다. 그 방으로 하겠습니다.

Me llamo Cho Seung Hwan.
메   야모   조   성   환

제 이름은 조성환입니다.

C. 직접 방문

※ ¿Tienen ustedes habitaciones libres?
띠에넨 우스떼데스 아비따시오네스 리브레
비어 있는 방이 있습니까?

※ ¿Puedo ocupar ahora mismo la habitación?
뿌에도 오꾸빠르 아오라 미스모 라 아비따씨온
지금 바로 방을 사용할 수 있습니까?

※ ¿No puede usted rebajar un poco?
노 뿌에데 우스뗏 레바하르 운 뽀꼬
좀 싸게 해 주실 수 없겠습니까?

T: ¿Hay una habitación con baño?
아이 우나 아비따시온 꼰 바뇨
욕실 딸린 방이 있습니까?

W: ¿Le gusta a usted esta habitación?
레 구스따 아 우스뗏 에스따 아비따시온
이 방은 맘에 드십니까?

T: Sí, me gusta mucho esta habitación.
씨 메 구스따 무쵸 에스따 아비따시온
예, 이 방은 아주 내 마음에 듭니다.

¿Cuánto cuesta la habitación?
꾸안또 꾸에스따 라 아비따씨온
얼마입니까?

W: Son cuarenta euros por una noche.
손 꾸아렌따 에우로스 뽀르 우나 노체
하루에 40유로입니다.

M: ¿Qué habitación quiere?
께 아비따씨온 끼에레
어떤 방으로 드릴까요?

P: Quiero una habitación tranquila.
끼에로 우나 아비따씨온 뜨랑낄라
조용한 방을 원합니다.

M: ¿Cuánto tiempo se hospedará?
꾸안또 띠엠뽀 쎄 오스뻬다라
얼마나 숙박하십니까?

T: Dos noches.
도쓰 노체스
2일 밤 입니다.

M: El desayuno, de las siete a las nueve;
엘 데사유노 델 라스 시에떼 알 라스 누에베
el almuerzo, de las doce a las catorce;
엘 알무에르소 델 라스 도세 알 라스 까또르세
la cena, de las diecinueve a las veinte.
라 세나 델 라스 디에시누에베 알 라스 베인떼
아침은 7시부터 9시까지, 점심은 12시부터 14시까지, 저녁은 19시부터 20시까지 입니다.

체크인

A. 체크인

🆇 ¿Tiene reservación?
띠에네 레써르바씨온
예약하셨습니까?

🆇 Llene la ficha, por favor.
이예네 라 휘차 뽀르 파보르
숙박부를 기재해 주십시오.

🆇 ¿Podría llenar esta tarjeta de alojamiento?
뽀드리아 예나르 에스따 따르헤따 데 알로하미엔또
숙박카드를 작성해 주시겠습니까?

T: ¿Puedo entrar en el hotel ahora?
뿌에도 엔뜨라르 엔 엘 오뗄 아오라
지금 체크인 할 수 있습니까?

W: ¿Tiene reservación?
띠에네 레써르바씨온
예약하셨습니까?

T: Hice la reserva desde Seúl. Me llamo
이쎄 라 레쎄르바 데스데 서울 메 야모
Cho Seung Hwan.
조 성 환
서울에서 예약을 했습니다. 제 이름은 조성환입니다.

W: ¿Podría llenar esta tarjeta de alojamiento?
뽀드리아 예나르 에스따 따르헤따 데 알로하미엔또
숙박카드를 작성해 주시겠습니까?

T: Sí.
씨
예.

W: Gracias. La habitación 310.
그라시아스   라   아비따씨온 뜨레쓰 디에쓰
감사합니다. 손님 방은 310호입니다.

Aquí tiene las llaves.
아끼 띠에네 라스 야베스
열쇠 받으십시오.

T: Muchas gracias.
무차스   그라시아스
대단히 감사합니다.

Lleve mis maletas a mi cuarto, por favor.
이예베 미스 말레따스 아 미 꽈르또 뽀르 파보르
짐을 방까지 날라다 주십시오.

룸 서비스

A. 모닝 콜

▨ ¿Es el servicio de habitaciónes?
에스 엘 쎄르비씨오 데 아비따씨오네스
룸 서비스 입니까?

▨ Despiérteme a las cinco y media.
데스삐에르떼메 아 라스 씽꼬 이 메디아
5시 30분에 모닝콜 좀 부탁드립니다.

▨ Deme su número de habitación, por favor.
데메 수 누메로 데 아비따씨온 뽀르 파보르
방 번호를 가르쳐 주십시오.

W: Es el servicio de habitaciónes.
에스 엘 쎄르비씨오 데 아비따씨오네스
룸 서비스입니다.

T: ¿Puede despertarme a las seis de la
뿌에데 데스뻬르따르메 아 라스 쎄이쓰 데 라
mañana?
마냐나
아침 6시에 깨워 주실 수 있습니까?

W: Sí, claro. Buen sueño.
씨 끌라로 부엔 수에뇨
예, 깨워드리겠습니다. 안녕히 주무세요.

B. 룸 식사

🅇 Mañana quiero desayunar en la habitación.
마냐나 끼에로 데사유나르 엔 라 아비따시온
내일 방에서 아침식사를 하려고 합니다.

🅇 Deseo pedir el desayuno para mañana.
데세오 뻬디르 엘 데사유노 빠라 마냐나
내일 아침식사를 주문하고 싶습니다.

🅇 Quiero un desayuno continental.
끼에로 운 데사유노 꼰띠넨딸
컨티넨탈식 아침식사를 하겠습니다.

T: Aquí la habitación 310.
아끼 라 아비따씨온 뜨레쓰 디에쓰
여기 310호실입니다.

Servicio de habitación, por favor.
쎄르비씨오 데 아비따씨온 뽀르 파보르
룸 서비스 부탁합니다.

W: Es el servicio de habitaciónes.
에스 엘 쎄르비씨오 데 아비따씨오네스
룸 서비스입니다.

T: Deseo pedir el desayuno para mañana.
데세오 뻬디르 엘 데사유노 빠라 마냐나
내일 아침식사를 주문하고 싶습니다.

W: ¿Que quiere tomar?
  께 끼에레 또마르
무엇을 드시겠습니까?

T: Quiero un bocadillo de jamón y un café
  끼에로 운 보까디요 데 하몬 이 운 까페
  con leche.
  꼰 레체
햄샌드위치와 밀크커피를 원합니다.

W: Si, señor. De acuerdo.
  씨 세뇨르 데 아꾸에르도
네, 손님. 알겠습니다.
  ¿Algo más?
  알고 마스
더 필요한 것은 없습니까?

T: Por favor, tráigame hielo y agua.
  뽀르 파보르 뜨라이가메 이엘로 이 아구아
얼음과 물을 갖다 주세요.

여행 필수 단어 7

el desayuno	엘 데사유노	아침식사
el almuerzo	엘 알무에르쏘	점심식사
la cena	라 쎄나	저녁식사
desayuno americano	데사유노 아메까노	미국식 아침식사
tostada	또스따다	토스트
la tortilla española	라 또르띨야 에스빠뇰라	반숙
el zumo	엘쑤머	주스
la leche	라레체	우유

C.구내 식당 이용

■ ¿A qué hora puedo tomar el desayuno?
　아　께　오라　뿌에도　또마르　엘　데사유노
몇 시에 아침 식사를 할 수 있습니까?

■ ¿Dónde está el comedor?
　돈데　에스따 엘　꼬메도르
식당은 어디에 있습니까?

■ ¿A qué hora, el desayuno?
　아　께　오라　엘　데사유노
아침식사는 몇 시부터입니까?

W: ¿Qué quiere tomar?
　　께　끼에레　또마르
무엇을 드시겠습니까?

T: Huevos fritos y beicon, por favor.
　우에보스 프리또스 이　베이꼰　뽀르 파보르
계란 후라이와 베이컨을 주세요.

¿Cuánto tiempo se tarda?
　꾸안또　띠엠뽀　씨　따르다
시간이 얼마나 걸립니까?

W: Tarda veinte minutos más o menos.
　따르다　베인떼　미누또스　마스 오　메노스
약 20분 걸립니다.

프런트 데스크

A. 프런트 데스크 이용

▨ **¿Puedo depositar los artículos de valor?**
뿌에도 데뽀씨따르 로스 아르띠꿀로스 데 발로르
귀중품을 맡아 주시겠습니까?

▨ **Entréqueme el equipaje depositado.**
엔뜨레게메 엘 에끼빠헤 떼뽀시따도
맡긴 짐을 찾고 싶습니다.

▨ **Necesito otra almohada.**
네쎄씨또 오뜨라 알모아다
베개가 한 개 더 필요합니다.

▨ **Necesito una toalla más.**
네씨씨또 우나 또알야 마스
타월 한 장 더 갖다 주세요.

> 호텔 내에서
> 무언가 어려운 일이 생기면
> "프런트"와 상의하면 된다.
> 또 "프런트"에서는 잔돈이라든가
> 여행자수표의 교환, 우편, 전보의 접수를 한다.
> 호텔을 잘 이용하는 요령은
> 프런트 데스크를 잘 이용하는 것이다.

어려운 일이 생겼을 때

■ Quiero cambiar de habitacion.
  끼에로 깜비아르 데 아비따시온
  방을 바꾸고 싶습니다.

■ Hace frío en la habitacion.
  아쎄 후리오 엔 라 아비따시온
  방이 춥습니다.

■ No enciende la lámpara.
  노 엔씨엔데 라 람빠라
  불이 켜지지 않습니다.

■ No sale el agua caliente.
  노 살레 엘 아구아 까리엔떼
  더운물이 나오지 않습니다.

■ No se abre la ventana.
  노 쎄 아브렐 라 벤따나
  창문이 열리지 않습니다.

■ He perdido la llave.
  에 뻬르디돌 라 야베
  열쇠를 잃어버렸습니다.

■ Olvidé la llave dentro de mi
  올비델 라 야베 덴뜨로 데 미
  habitacion.
  아비따시온
  열쇠를 방안에 두고 나왔습니다.

편의시설 이용

A. 세탁물 부탁

▣ Servicio de lavandería, por favor.
쎄르비씨오 데 라반데리아 뽀르 파보르
세탁 좀 부탁합니다.

▣ Plánchame esta ropa, por favor.
뽈란차메 에스따 로빠 뽀르 파보르
이 옷을 다림질해 주세요.

▣ ¿Estará listo para mañana?
에스따라 리스또 빠라 마냐나
내일까지 다 되겠습니까?

T: Por favor, planche estas ropas.
뽀르 파보르 뽈란체 에스따스 로빠스
이것을 다려 주십시오.

P: Lavado enseco, por favor. ¿Cuándo
라바도 앤세꼬 뽀르 파보르 꾸안도
estará listo?
에스따라 리스또
드라이클리닝을 부탁합니다. 언제 될까요?

W: Pasado mañana en la mañana.
빠싸도 마냐나 엔 라 마냐나
모레 아침입니다.

T: ¿Me pueden lavar en seco esta falda?
　　메　뿌에덴　라바르　엔　쎄꼬　에스따 팔다
이 치마를 드라이클리닝 해주실 수 있습니까?

W: ¿Son de lana ?
　　손　데 라나
양모 입니까?

T: As me parece.
　 아씨 메　빠레세
그런것 같습니다.

W: Si, señor.
　　씨　세뇨르
알겠습니다.

T: ¿Cuándo vuelvo por ellos ?
　　꾸안도　　부엘보　뽀르 에요스
언제 찾으러 올까요?

W: Ahora tengo mucho. Vuelva usted el
　　아오라　땡고　　무쵸　　　부엘바　우스뗏 엘
viernes que viene.
비에르네스　께 비에네
지금 일이 밀려 있어요. 오는 금요일 오세요.

T: ¿No me lo puede hacer un poco antes?
　　노　멜　로 뿌에데　아세르　운　뽀꼬 안떼스
조금 빨리 해 주실 수 없습니까?

B. 호텔내 부대시설 이용

T: Qué clase de instalaciones tiene?
  께 끌라쎄 데 인스딸라씨오네스 띠에네
호텔에는 어떤 시설들이 있습니까?

C: Tenemos piscina y sauna.
  떼네모스 삐스씨나 이 사우나
수영장과 사우나가 있습니다.

T: ¿La piscina, gratis?
  라 삐스씨나 그라띠스
수영장은 무료입니까?

C: No, no es gratis.
  노 노 에스 그라띠스
아닙니다. 유료입니다.

T: ¿A qué hora se abre la sauna?
  아 께 오라 세 아브레 라 사우나
사우나는 몇 시에 문을 엽니까?

C: Se abre a las ocho de la mañana.
  세 아브레 알 라스 오쵸 데 라 마냐나
오전 8시에 문을 엽니다.

체크아웃

A. 체크 아웃

※ ¿A qué hora tengo que dejar la habitación?
아 께 오라 뗑고 게 데하를 라 아비따씨온
몇 시에 방을 비워야 합니까?

※ ¿Hay algún autobús hasta el aeropuerto?
아이 알군 아우또부스 아스따 엘 아에로뿌에르또
공항까지 가는 버스가 있습니까?

※ ¿Están incluidos los impuestos?
에스딴 인끌루이도스 로스 임뿌에스또스
세금이 포함되어 있습니까?

T: Quiero dejar la habitación.
끼에로 데하를 라 아비따씨온
체크아웃하려고 합니다.

W: ¿Cuál es el número de la habitación?
꾸알 에스 엘 누메로 델 라 아비따씨온
몇 호실입니까?

T: La habitación 310.
라 아비따씨온 뜨레쓰 디에쓰
310호실입니다.

W: Aqui tiene usted la cuenta.
아끼 띠에네 우스뗏 라 꾸엔따
계산서 여기 있습니다.

T: ¿Aceptan tarjetas de crédito?
아셉딴 따르헤따스 데 끄레디또
신용카드를 받습니까?

W: Sí, desde luego.
씨 데스델 루에고
네, 물론입니다.

T: ¿A qué hora tengo que dejar la
아 께 오라 뗑고 게 데하를 라
habitación?
아비따씨온
몇 시에 방을 비워야 합니까?

W: Puede dejarla hasta las doce.
뿌에데 데하를라 아스딸 라스 도쎄
12시까지 방을 비워 주시면 됩니다.

T: El servicio de este hotel ha sido
엘 싸르비씨오 데 에스떼 오뗄 아 시도
exelente.
엑셀렌떼
잘 지냈습니다.

T: Mande un botones para bajar mi
   민데 운 보또네스 빠라 바하르 미
   equipaje.
   에끼빠헤
   짐을 가지고 내려갈 사람을 보내주세요.

W: El número de su habitacion, por favor.
   엘 누메로 데 수 아비따씨온 뽀르 파보르
   방 번호가 어떻게 되십니까?

T: La habitación 510.
   라 아비따씨온 씽꼬 디에쓰
   510호실입니다.

W: Aqui está la suma.
   아끼 에스따 라 쑤마
   여기 계산서 있습니다.

T: ¿Cuánto me cuesta?
   꾸안또 메 꾸에스따
   모두 얼마입니까?

W: Son doscientos euros.
   쏜 도쓰씨엔또쓰 에우로스
   200유로입니다.

T: ¿Está incluido el servicion?
   에스따 인끌루이도 엘 쎄르비씨오
   봉사료가 포함되어 있습니까?

W: Sí, desde luego.
씨 데스델 루에고
네, 물론입니다.

T: Voy a pagar con cheques de viaje.
보이 아 빠가르 꼰 체께스 데 비아헤
여행자수표로 지불하겠습니다.

W: Está bien. Firme aquí.
에스따 비엔 피르메 아끼
좋습니다. 여기 서명하세요.

T: Por favor, llame un taxi.
뽀르 파보르 야메 운 딱시
택시 좀 불러주세요.

P: Voy a salir a las ocho de la mañana.
보아 아 살리르 알 라스 오초 델 라 마냐나
저는 내일 아침 8시에 나가려고 합니다.

La cuenta, por favor.
라 꾸엔따 뽀르 파보르
계산서를 부탁합니다.

CHAPTER 05.
레스토랑

1	2	3	4	5

MEMO

레스토랑

A. 레스토랑 예약

✣ Quiero reservar una mesa para esta noche.
끼에로 레쎄르바르 우나 메사 빠라 에스따 노체
오늘밤 식사를 예약하고 싶습니다.

✣ ¿Hay que ir vestido de etiqueta?
아이 께 이르 베스띠도 데 에띠께따
정장을 해야 됩니까?

✣ Quiero una mesa al lado de la ventana.
끼에로 우나 메사 알 라도 델 라 벤따나
창 쪽의 테이블을 원합니다.

T: ¿Bueno? Quiero hacer una resevacion.
부에노 끼에로 아쎄 우나 레세르바씨온
여보세요? 예약을 하려고 합니다.

W: ¿Cuando va a venir?
꾸안도 바 아 베니르
언제 오실 예정입니까?

T: Voy a ir a las siete.
보이 아 이르 알 라스 씨에떼
7시에 가겠습니다

W: Están bien. ¿Cuántas personas?
에스따 비엔 꾸안따스 뻬르소나스
좋습니다. 몇 분이십니까?

T: Ocho.
오초
8명 입니다

W: Su nombre, por favor?
수 놈브레 뽀르 파보르
성함이 어떻게 되시죠?

T: Soy Cho Seung Hwan.
소이 조 성 환
조성환입니다.

W: Sí, entiendo
씨 엔띠엔도
네, 알겠습니다.

T: ¿Hay alguna regla del vestido?
아이 알구나 레글라 델 베스띠도
어떻게 옷을 입어야 한다는 규정이 있습니까?

W: Lleve corbata, por favor.
예베 꼬르바따 뽀르 파보르
넥타이를 하고 오십시오.

B-1. 식사 주문 I

※ Camarero, el menú, por favor.
까메레로 엘 메누 뽀르 파보르
웨이터, 메뉴판 좀 부탁합니다.

※ ¿Tiene el menu especial de hoy?
띠에네스 엘 메누 에스뻬씨알 데 오이
오늘의 특별요리가 있습니까?

※ ¿Puedo tomar el postre?
뿌에도 또마르 엘 뽀스뜨레
후식이 있습니까?

T: Soy Cho que reservé a las siete.
소이 조 께 레세르베 알 라스 씨에떼
7시에 예약한 조입니다.

W: Venga por aqui. Su mesa está preparada.
뻥가 뽀르 아끼 수 메사 에스따 쁘레빠라다
이쪽으로 오십시오. 준비되어 있습니다.

T: Muchas gracias.
무차스 그라시아스
대단히 감사합니다.

W: ¡A la orden!
알 라 오르덴
주문하시겠습니까?

T: Quiero tomar esto.
끼에로 또마르 에스또
메뉴를 보여 주십시요.

W: Aquí lo tiene, señor.
아끼 로 띠에네 세뇨르
여기 있습니다. 손님.

¿Que quiere tomar?
께 끼에레 또마르
무엇을 드시겠습니까?

T: La carta, por favor.
라 까르따 뽀르 화보르
이것은 어떤 요리입니까?

W: Es la nerluza a la vasca
에스 라 메르루사 알 라 바스까
생선튀김입니다.

T: Que clase de plato es este?
께 끌라세 데 쁠라또 에스 에스떼
이것으로 주십시오.

O: Traigame la carta otra vez, por favor.
뜨라이가메 라 까르따 오뜨라 베스 뽀르 화보르
다시 한번 메뉴를 보여 주십시오.

W: Aquí lo tiene, señor.
아끼 로 띠에네 세뇨르
여기 있습니다. 손님.

O: Quiero comida coreana
끼에로 꼬미다 꼬레아노
한국 음식을 먹고 싶습니다

P: ¿Que es el menu especial de hoy?
께 에스 엘 메누 에스뻬씨알 데 오이
오늘의 특별요리는 무엇입니까?

W: El menu especial de hoy es la sopa
엘 메누 에스뻬씨알 데 오이 에스 라 소빠
de cebolla.
데 쎄보야
오늘의 특별요리는 양파 스프입니다.

P: Una sopa de cebolla y un bistec.
우나 소빠 데 쎄볼야 이 운 비스떽
양파 스프와 스테이크를 주세요.

W: ¿Como quiere la carne?
꼬모 끼에레 라 까르네
고기를 어떻게해서 드릴까요?

P: Bien hecha, por favor. (poco hecha,
비엔 에차 뽀르 파보르 뽀꼬 에차
regular)
레굴라르
잘 익혀 주세요 . (조금 익혀서, 적당히 익혀서)

K: Oiga, deme un vaso de agua, por favor.
　　오이가　데메　운　바소　데　아구아　뽀르 파보르
미안합니다만, 물을 주십시오.

R: Quiero tomar el menú del día.
　　끼에로　또마르　엘　메누　델　디아
저는 정식으로 하겠습니다.

W: ¡Buen provecho!
　　부엔　　쁘로베초
맛있게 드세요.

T: Estaba muy sabroso. Gracias.
　　에스따바　무이　사브로소　그라씨아스
잘 먹었습니다. 고맙습니다.

P: Qué postre tiene?
　　께　뽀스뜨레　띠에네
디저트는 어떤 것이 있습니까?

W: Tenemos cafe, helado y firuta.
　　떼네모스　까페　엘라도 이　후루따
커피, 아이스크림, 과일이 있습니다.

P: Quiero un helado.
　　끼에로　운　엘라도
아이스크림 주세요.

T: La cuenta, por favor.
   라 꾸엔따 뽀르 화보르
   계산을 부탁합니다.

W: Queremos pagar separadamente.
   께레모스 빠가르 세빠라다멘떼
   따로따로 계산해도 됩니까?

T: Soy yo quien paga. ¿Quanto es todo?
   소이 요 끼엔 빠가 꾸안또 에스 또도
   내가 지불하겠습니다. 전부 얼마입니까?

W: Son novecientos euros.
   손 노베씨엔또쓰 에우로스
   900유로입니다

T: ¿Aceptan tarjetas de crédito?
   아셉딴 따르헤따스 데 끄레디또
   신용카드를 받습니까?

W: Sí, desde luego.
   씨 데스델 루에고
   네, 물론입니다.

T: El recibo de pago, por favor.
   엘 레씨보 데 빠고 뽀르 파보르
   영수증을 주세요.

B-2. 식사 주문 II

¿Quiero comer algo?
끼에레 꼬메르 알고
식사하러 가시겠습니까?

¿Puedo pedir?
뿌에도 뻬디르
주문해도 됩니까?

¿Qué platos típicos de esta región?
께 쁠라또스 띠삐꼬스 데 에스따 레히온
이 지역의 향토음식이 있습니까?

P: ¡Camarero! ¿Hay alguna mesa libre?
까마레로 아이 알구나 메사 리브레
웨이터! 비어있는 좌석이 있습니까?

W: Sí, seores. Allí junto a la ventana.
씨 세뇨레스 알리 훈또 알 라 벤따나
예, 있습니다. 저기 창가에 있습니다.

P: ¿Qué tienen ustedes para almorzar?
께 띠에넨 우스떼데스 빠라 알모르사르
점심 식사에는 뭐가 나옵니까?

W: Tenemos sopa, pescado frito y biftec.
떼네모스 소빠 뻬스까도 후리또 이 삐프떽
수프와 생선 후라이와 비프스테이크가 나옵니다.

T: Me gusta ms la carne bien cocida.
　　메　　구스따　마스　라　까르네　비엔　　꼬시다
잘익은 고기가 더 좋습니다.

W: ¡Buen provecho!
　　부엔　　쁘로베쵸
많이드세요.

¿Qué desean ustedes de postre?
께　　데세안　우스떼데스　데　뽀스뜨레
후식으로는 무엇을 드시겠습니까?

P: ¿Quhay de postre?
　　께아이　　데　뽀스뜨레
후식으로는 무엇이 있습니까?

W: De postre hay manzanas y helados.
　　데　뽀스뜨레　아이　만사나스　　이　엘라도스
사과와 아이스크림이 있어요.

P: Yo, un helado de uva.
　　요　운　엘라도　데　우바
나는 포도 아이스크림주세요.

T: Yo, una manzana. La cuenta por favor.
　　요　우나　만사나　　라　꾸엔따　뽀르　파보르
나는 사과를 주세요. 계산서를 주십시오.

W: Aqui está.
　　아끼　에스따
여기 있습니다.

지역마다 역사적,지리적 환경이 달라 음식 역시 향토적인 특색이 강하다. 주로 육류나 해산물을 이용한 음식들이 많으며, 마늘과 고추를 많이 사용해 우리 입맛에도 잘 맞는다. 아침식사(Desayuno)는 대개 토스트와 커피 등으로간단하게 해결하며, 점심식사(Almuerzo/Comida)를 가장 중요시하는 편. 저녁식사(Cena)는 점심보다 가볍게 먹는다. 레스토랑은 포크의 수로 등급이 매겨지나 꼭 음식의 맛에 비례하는 것은 아니다. 메뉴를 선택하기 어렵다면 '오늘의 정식'에 해당하는 Menu de la Casa/Menu del Dia를 선택하면 무리가 없을 듯. 식당은 보통 점심식사의 경우 13:30~15:00까지, 저녁식사는 20:30~23:00까지 주문을 받는다.

C. 페스트 푸드

❌ Una hamburguesa y una coca cola.
　　우나　앰부르게사　이 우나　꼬까　콜라
햄버거와 콜라 주세요.

❌ Deme un helado.
　　데메　운　엘라도
아이스크림 하나주세요.

❌ Voy a tomar aquí.
　　보이 아 또마르　아끼
여기서 먹을 겁니다.

W: Pase, ¿En qué puedo servirle?
　　빠세　엔　께　뿌에도　세르비를레
무엇을 드릴까요?

T: Pollo frito, por favor.
　　뽈요 흐리또　뽀르 파보르
프라이드 치킨 주세요.

W: ¿Quiere bebida?
　　끼에레　베비다
음료는 무엇으로 하시겠습니까?

T: Una coca cola, por favor.
　　우나　꼬까　꼴라　뽀르 파보르
콜라로 주세요.

W: ¿Qué hamburguesa quiere?
께 암부르구에사 끼에레
어떤 햄버거를 드시겠습니까?

P: Hamburguesa bic mac. Y patatas
암부르구에사 빅 맥 이 빠따따스
fritas y café con leche, por favor.
프리따스 이 까페 꼰 레체 뽀르 파보르
빅맥 햄버거.그리고 감자튀김과 밀크 커피를 주세요.

W: ¿Lo tomar aquí o es para llevar?
로 또마르 아끼 오 에스 빠라 예바르
여기서 드실 겁니까? 아니면 가져가실 겁니까?

P: Voy a tomar aquí.
보이 아 또마르 아끼
여기서 먹을 겁니다.

W: Con mucho gusto.
꼰 무초 구스또
알겠습니다.

P: ¿Hay que pagar por adelantado?
아이 께 빠가르 뽀르 아델란따도
선불입니까?

W: Sí, por adelantado.
씨 뽀르 아델란따도
예, 선불입니다.

P: ¿Puedo sentarme aquí?
　　뿌에도　센따르메　아끼
여기에 앉아도 됩니까?

O: Quiero una perro caliente y una coca
　　끼에로　우나　페로　깔리엔떼　이　우나　꼬까
　cola grande.
　꼴라　그란데
핫도그 하나와 콜라 큰 것으로 하나 주세요.

W: ¿Se va a comer aquí?
　　세 바 아 꼬메르　아끼
여기서 드실 겁니까?

O: Para llevar.
　　빠라　예바르
가져갈 겁니다.

　¿Aquí es autoservicio?
　　아끼　에스　아우또세르비씨오
이 곳은 셀프서비스입니까?

D. 와인 한잔

🗙 **Quiero probar el vino español.**
끼에로 쁘로바르 엘 비노 에스빠뇰
스페인산 포도주를 마셔 보고 싶습니다.

🗙 **¿Puedo pedir el vino en vaso?**
뿌에도 뻬디르 엘 비노 엔 바소
포도주를 잔으로 주문할 수 있습니까?

🗙 **¿Es el vino francés?**
에스 엘 비노 프란세스
프랑스산 포도주입니까?

W: **¿De beber?**
데 베베르
무엇을 마시겠습니까?

T: **Cerveza.**
쎄르베사
맥주 주세요.

W: **¿Algo más?**
알고 마스
주문할 것이 더 있습니까?

T: **San Miguel y Heineken.**
싼 미겔 이 에이네켄
산 미겔과 하이네켄이 있습니다.

스페인의 와인

와인 스페인은 프랑스, 이탈리아와 더불어 세계 3대 와인 생산국. 와인은 비노(Vino)라고 불리며, 붉은색은 Tinto, 흰색은 Blanco, 로제는 Rosado로 분류한다. 맥주 스페인에서 맥주는 세르베사(Cerveza)라고 불리며 생맥주는 카냐(Ca-a)라고 한다. 스페인의 명주 -Jerez 세계 120여 개국으로 수출되는 유명한 포도주로, 외국에서는 세리주(Sherry)로 불리는 안달루시아 지방산 포도주. -Anis 마드리드 근교에 있는 친촌 지역의 고유한 독주. -Sangria 붉은 와인에 오렌지나 레몬 등의 과일을 섞어 만든 칵테일. 여행객들에게 매우 인기가 있다. -Cava 샴페인과 같은 방법으로 만든 카탈루냐 지방산 포도주.

E. 음식값 계산

■ **¿Cuánto es?**
꾸안또 에스
얼마입니까?

■ **Aquí tiene usted el cambio.**
아끼 띠에네 우스뗏 엘 깜비오
거스름돈은 가지세요.

■ **El recibo, por favor.**
엘 레씨보 뽀르 파보르
영수증을 주세요.

W: **Aquí está la cuenta.**
아끼 에스따 라 꾸엔따
계산서입니다.

T: **Yo pago todo junto.**
요 파고 또도 훈또
내가 전부 계산하겠습니다.

¿Qué pago es este?
께 파고 에스 에스따
이것은 무슨 요금입니까?

W: **El derecho de servicio.**
엘 데레쵸 데 세르비씨오
봉사료입니다.

T: ¿Hay un error en la cuenta?
아이 운 에로르 엔 라 꾸엔따
계산이 잘못 됐습니까?

W: Sí, espere un momento.
씨 에스뻬레 운 모멘또
네, 잠깐만 기다리십시오.

P: La cuenta, por favor.
라 꾸엔따 뽀르 파보르
계산서를 주십시오.

Vamos a pagar por separado.
바모스 아 빠가르 뽀르 세빠라도
각자 내겠습니다.

O: ¿Acepta usted tarjetas de crédito?
아쎕따 우스뗏 따르헤따스 데 끄레디또
신용카드를 받습니까?

P: ¿Se puede pagar con cheque de viaje?
세 뿌에데 빠가르 꼰 체께 데 비아헤
여행자 수표로 내도 되나요?

W: Mil gracias.
밀 그라시아스
대단히 감사합니다.

스페인의 커피

스페인의 커피는 향이 좋고 맛있기로 유명하다. 설탕(Azucar)은 넣지 않은 채로 나오는데, 스페인 사람들은 각자 취향대로, 그러나 많이 넣는 것을 당연시한다. Cafe Solo : 블랙 커피 Cafe con Leche : 커피 50%에 더운 우유 50% Cafe Cortado : 일반적인 밀크 커피 Cafe con Hielo : 아이스 커피 스페인 사람들에게 가장 인기가 있다. 츄파라는 식물의 줄기를 갈아 만든 것으로, 약간 풋내가 난다.

길을 찾을 때는

¿Comó se llama esta calle?
꼬모 세 야마 에스따 깔예
이 거리의 이름이 무엇입니까?

¿Puedo ir a pie?
뿌에도 이르 아 삐에
걸어서 갈 수 있습니까?

¿Puedo dibujarme aquí un plano?
뿌에도 디부하르메 아끼 운 쁠라도
저에게 약도를 그려주실 수 있습니까?

¿Dónde está en el este mapa.
돈데 에스따 엔 엘 에스떼 마빠
이 지도에서 그곳은 어디에 있습니까?

라는 표현들을 기억해 두면 편리하다.

CHAPTER 06.
길 찾기

길 찾기

A. 행선지 확인

※ Puedo ir a pie?
뿌에도 이르 아 삐에
걸어서 갈 수 있습니까?

※ ¿Puedo dibujarme aquí un plano?
뿌에도 디부하르메 아끼 운 쁠라도
저에게 약도를 그려주실 수 있습니까?

※ ¿Dónde está en el este mapa?
돈데 에스따 엔 엘 에스떼 마빠
이 지도에서 그곳은 어디에 있습니까?

T: Quisiera ir a la calle de Alhambra.
끼시에라 이르 알 라 까예 데 알람브라
알람브라 가로 가려 합니다.

W: ¿Va usted en autobús o a pie ?
바 우스뗏 엔 아우또부스 오 아 삐에
버스로 가시겠습니까, 아니면 걸어서 가시겠습니까?

T: Voy a pie.
보이 아 삐에
걸어서요.

W: Vaya usted todo derecho por esta calle
　　바야 우스뗏 또도 데레초 뽀르 에스따 까예
y al final,doble usted a la izquierda.
이 알 휘날 도블레 우스뗏 알 라 이스끼에르다
이 거리를 똑바로 가십시요. 그리고 끝에서 왼편으로 꺽으십시요.

T: Cuanto tiempo se tarda andando
　　꾸안또　띠앰뽀　세 따르다　안단도
hasta el albergue juvenil?
아스따 엘　알베르게　후베닐
걸어서 몇 분이나 걸립니까?

W: Uno veinte minutos.
　　우노　베인떼　마누또스
약 20분 정도 걸립니다.

T: Gracias.
　　그라시아스
고맙습니다.

W: De nada.
　　데　나다
천만의 말씀입니다.

B. 행선지 확인II

✵ Donde estamos ahora?
　돈데　에스따모스　아오라
지금 제가 있는 이 곳은 어디입니까?

✵ Eseñame dónde estamos ahora en
　엔세냐메　돈데　에스따모스　아오라　엔
este mapa.
에스떼 마빠
이 지도에서 우리가 어디 있는지 알려주세요.

✵ ¿Cuánto tiempos se tarda hasta allá?
　꾸안또　띠엠뽀　세 따르다 아스따 아야
여기서 거기까지 얼마나 걸립니까?

T: ¿Cómo se llama esta calle?
　　꼬모　세　야마　에스따　꺌예
이 거리의 이름이 무엇입니까?

W: Estamos en la calle de Toledo.
　　에스따모스　엔 라 까예 데 똘레도
똘레도가 입니다.

T: ¿Cómo puedo ir a esta dirección?
　　꼬모　뿌에도 이르 아 에스따　디렉씨온
어떻게 해야 이 주소를 갈 수 있습니까?

W: Siga esta calle todo derecho.
   씨가 에스따 까예 또도 데레쵸
   이 길 따라 곧장 가세요.

T: ¿Puedo ir a pie?
   뿌에도 이르 아 삐에
   걸어서 갈 수 있습니까?

W: Sí, está cerca de aquí.
   씨 에스따 쎄르까 데 아끼
   네. 여기서 가깝습니다.

T: ¿Cuánto tiempo se tardar de aquí?
   꾸안또 띠엠뽀 세 따르다라 데 아끼
   여기서 얼마나 걸리지요?

W: Unos 5 minutos.
   우노스 씽고 미누또스
   약 5분정도 걸립니다.

T: Bien. Gracias.
   비엔 그라시아스
   알겠습니다. 고맙습니다.

W: No hay de que.
   노 아이 데 께
   천만의 말씀입니다.

C. 행선지 확인III

※ ¿Dónde estamos?
돈데   에스따모스
여기가 어딥니까?

※ Indíqueme dónde estamos ahora.
인디께메   돈데   에스따모스 아오라
현재 위치를 가르쳐 주세요.

※ Donde esta la estacion mas cercana?
돈데   에스따 라 에스따씨온 마스   쎄르까나
가장 가까운 역은 어디입니까?

T: ¿Dónde está la Plaza de Espana?
돈데   에스따 라 쁘라싸 데   에스빠냐
스페인 광장은 어디에 있습니까?

W: Esten el centro de la ciudad.
에스따엔 엘 센뜨로 데 라 시유닷
도시 중심에 있습니다. 즉 시청 근처에 있습니다.

P: ¿Está cerca de aquí la estación
에스따 씨르까 데 아낄 라 에스따씨온
Salamanca?
살라망까
살라망카 역이 여기서 가깝습니까?

W: Sí, está cerca de aquí.
　　씨 에스따 쎄르까 데 아끼
　네. 여기서 가깝습니다.

T: Donde esta la estacion mas cercana?
　　돈데 에스따 라 에스따씨온 마스 쎄르까나
　가장 가까운 역은 어디입니까?

W: Vaya tres cuadras ms a la derecha.
　　바야 뜨레스 꾸아드라스 마스 알 라 데레차
　오른쪽으로 3구획 더 가십시요.

T: Indíqueme dónde estamos ahora.
　　인디께메 돈데 에스따모스 아오라
　현재 위치를 가르쳐 주세요.

W: Voy a dibújeme aquí un pequeño plano.
　　보이 아 디부헤메 아끼 운 뻬께뇨 쁠라도
　약도를 그려 드리겠습니다.

T: Mil gracias.
　　밀 그라시아스
　대단히 고맙습니다.

W: No hay de qu.
　　노 아이 데 께
　천만의 말씀입니다.

D. 길을 잃었을 때

※ Estoy perdido.
에스또이 뻬르디도
길을 잃었습니다.

※ Me he perdido en el camino.
메 에 뻬르디도 엔 엘 까미노
길을 잃었습니다.

※ Me he perdido.
미 에 뻬르디도
저는 길을 잃었습니다.

※ ¿Cómo se llama esta calle?
꼬모 세 야마 에스따 까예
이 거리의 이름은 뭐라고 하지요?

T: Perdón, señor. A donde se va por
뻬르돈 세뇨르 아 돈데 세 바 뽀르
esta calle?
에스따 까예
선생님, 실례합니다. 이 길은 어디로 통하지요?

P: Soy forastero aquí. Es mejor que lo
소이 훠라스떼로 아끼 에스 메호르 께 로
pregunte usted en aquel puesto de polica.
쁘레군떼 우스뗏 엔 아 뿌에스또 데 뽈리시아
나는 이 거리 사람이 아닙니다. 저기 파출소에서
묻는게 좋겠습니다.

공중화장실

공원, 광장 등의 공중화장실은 시간에 따라 닫혀 있기도 하고, 불결하다. 그러므로 백화점, 카페 등에 있는 화장실을 이용하는 것이 좋다. 남성용은 Caballeros(카바예로스), 여성용은 Senoras(세뇨라스)라고 표시한다.

Dónde estan los servicios?
돈데 에스딴 로스 세르비씨오스
화장실은 어디에 있습니까?

행선지를 물어 볼때

¿A dónde va este colectivo?
아 돈데 바 에스떼 꼴렉띠보
이 버스는 어디로 갑니까?

¿En dónde tengo que bjar?
엔 돈데 뗑고 께 바하르
어디에서 내려야 합니까?

¿Que autobús tengo que tomar?
께 아우또부스 뗑고 께 또마르
몇 번 버스를 타야 합니까?

subir	수비르	타다
bajar	바하르	내리다
pararse	빠라르세	정차하다

라는 표현들을 기억해 두면 아주 편리하다.

CHAPTER 07.
교통 수단

1	2	3	4	5

MEMO

교통 수단

A-1. 버스 타기 I

■ ¿A dónde va este colectivo ?
　아　돈데　바 에스떼　꼴렉띠보
이 버스는 어디로 갑니까?

■ Que autobús tengo que tomar?
　께　아우또부스　뗑고　께　또마르
몇 번 버스를 타야 합니까?

■ ¿Dónde puede tomar el autobús ?
　돈데　뿌에데　또마르　엘 아우또부스
버스는 어디서 탈 수 있습니까?

T: Dónde esta la parada de autobús para
　 돈데 에스따 라 빠라다 데 아우또부스 빠라
el centro de la ciudad?
엘 쎈뜨로 데 라 씨우닷
시내로 가는 버스 정류장은 어디입니까?

W: Al otro lado.
　 알 오뜨로 라도
건너쪽입니다.

T: Hasta la estación de Toledo.
　 아스따 라 에스따씨온 데 똘레도
또레도 역까지 갑니다.

Dos billetes para nosotros, por favor.
도스 비예떼스 빠라 노소뜨로스 뽀르 파보르
표 두 장 주십시오.

D: Tenga estos.
뗑가 에스또스
여기 있습니다.

T: ¿Cuánto se tarda de aquí a Toledo?
꾸안또 세 따르다 데 아끼 아 똘레도
여기서 똘레도까지는 얼마나 걸립니까?

D: Se tarda unos veinte minutos.
세 따르다 우노스 베인떼 미누또스
약 20분 걸립니다.

T: ¿En dónde tengo que bajar?
엔 돈데 뗑고 게 바하르
어디에서 내려야 합니까?

D: Hemos llegado a Toledo. Tienen que
에모스 예가도 아 똘레도 띠에넨 께
bajar ahora.
바하르 아오라
똘레도에 도착 했습니다. 지금 내리세요.

T: Muchas gracias.
무차스 그라시아스
대단히 감사합니다.

A-2. 버스 타기 II

※ Dónde tengo que cambiar?
돈데 뗑고 께 깜비아르
어디에서 버스를 갈아타야 합니까?

※ Que autobús tengo que tomar?
께 아우또부스 뗑고 께 또마르
몇 번 버스를 타야 합니까?

※ ¿Tiene el plan de las líneas de autobús?
띠에네 엘 쁠란 데 라스 리네아스 데 아우또부스
버스 노선도가 있습니까?

T: ¿Qué número de autobús va la museo?
께 누메로 데 아우또부스 바 알 무세오
박물관에 가는 버스는 몇 번입니까?

W: Tome el número nueve.
또메 엘 누메로 누에베
9번 버스를 타세요.

T: ¿Dónde puedo tomar ese autobús?
돈데 뿌에도 또마르 에세 아우또부스
어디에서 그 버스를 탈 수 있습니까?

W: Al otro lado.
알 오뜨로 라도
건너편에서 타세요.

T: ¿Cuánto tiempo se tarda en autobús?
꾼안또 띠엠뽀 세 따르다 엔 아우또부스
버스로 얼마나 걸립니까?

D: Se tarda unos veinte minutos.
세 따르다 우노스 베인떼 미누또스
약 20분 걸립니다.

T: ¿En dónde tengo que bajar?
엔 돈데 뗑고 께 바하르
어디에서 내려야 합니까?

D: Baje usted en la próxima parada.
바헤 우스뗏 엔 라 쁘록씨마 빠라다
다음 정거장에서 내리십시오.

T: ¿Cóme se llama la próxima parada?
꼬모 쎄 야마 라 쁘록씨마 빠라다
다음 정거장 이름이 무엇입니까?

P: ¿Para este autobús en la Plaza de
빠라 에스떼 아우또부스 엔 라 쁠라사 데
Expaña?
에스빠냐
이 버스는 스페인 광장에 갑니까?

M: ¿Cuántas paradas faltan para llegar
꾸안따스 빠라다스 팔딴 빠라 예가르
a Plaza Mayor?
아 쁠라싸 마요르
마요르 광장까지는 몇 정류장이 남았습니까?

A-3. 버스 타기 III

¿Dónde está la terminal de autobús?
돈데 에스따 라 떼르미날 데 아우또부스
버스터미널이 어디에 있습니까?

¿Dónde está la taquilla?
돈데 에스따 라 따낄야
매표소가 어디에 있습니까?

Un billete de ida y vuelta para Madrid.
운 빌예떼 데 이다 이 부엘따 빠라 마드릿
마드리드 왕복표 하나 주세요.

P: **¿A qué hore sale el autobús para Segovia?**
아 께 호레 살레 엘 아우또부스 빠라 세고비아
세고비아행 버스는 몇 시에 출발합니까?

W: **Son las tres y quience**
손 라스 뜨레스 이 낀쎄
3시15분입니다.

P: **Un billete para Segovia, por favor.**
운 빌예떼 빠라 세고비아 뽀르 파보르
세고비아 표 한 장 주세요.
 ¿A qué hore sale el siguiente autobús?
아 께 호레 살레 엘 씨기엔떼 아우또부스
다음 버스는 몇 시에 출발합니까?

T: ¿Este asiento está libre?
　　에스떼　아씨엔또　에스따 리브레
　이 자리 비어있습니까?

P: Sí, libre.
　 씨　리브레
　네, 비어 있습니다.

T: Entonces, ¿puedo sentarme aquí?
　 엔똔세스　　　뿌에도　 센따르메　　아끼
　그러면, 제가 여기 앉아도 될까요?

P: Claro que sí.
　 끌라로　께 씨
　물론이죠.

T: ¿Cuánto tiempo se tarda hasta Segovia?
　 꾸안또　띠엠뽀　세 따르다 아스따 세고비아
　세고비아까지 얼마나 걸립니까?

P: Una hora.
　 우나　오라
　1시간 걸립니다.

T: Cuánto llequemos allí, avíseme, por favor.
　 꾸안도　　아께모스　아이　아비세메　뽀르 파보르
　그곳에 도착하면, 저에게 좀 알려주세요.

B. 택시

❌ ¿Dónde está la parada de taxis?
　　돈데　에스따 라　빠라다　데　딱시스
택시 정류장이 어디에 있습니까?

❌ Llame un taxi para mí, por favor.
　　야메　운　딱시　빠라　미　뽀르 파보르
택시를 불러주세요.

❌ Hasta el Museo del Alhambra, por favor.
　아스따 엘　무세오　델　알람브라　뽀르 파보르
알람부르 궁전으로 가주세요.

D: ¿A dónde va usted?
　　아　돈데　바　우스뗏
어디로 가시겠습니까?

T: A la Plaza de España, por favor.
　　알 라 쁠라사 데　에스빠냐　뽀르 파보르
스페인 광장으로 가 주세요.

Párese aquí, por favor. ¿Cuánto es?
빠레쎄　아끼　뽀르 파보르　　꾸안또　에스
여기 세워 주세요. 요금이 얼마입니까?

W: Son veinticinco euros.
　　손　베인띠씽꼬　에우로스
25유로입니다.

T: Quédese con el cambio.
  께데세 꼰 엘 깜비오
  잔돈은 가지세요.

W: Mil gracias.
  밀 그라시아스
  대단히 감사합니다.

P: ¿Cuánto tiempo se tarda al aeropuerto?
  꾸안또 띠엠뽀 세 따르다 알 아에로뿌에르또
  공항까지 얼마나 걸립니까?

D: Se tarda unos veinte minutos.
  세 따르다 우노스 베인떼 미누또스
  약 20분 걸립니다.

P: Tengo prisa. Más rápido, por favor.
  뗑고 쁘리사 마스 라삐도 뽀르 파보르
  급합니다. 빨리 가 주세요.

T: A esta dirección, por favor.
  아 에스따 디렉씨온 뽀르 파보르
  이 주소로 가주세요.

C. 지하철

※ ¿Dónde está la estación del metro?
돈데 에스따 라 에스따시온 델 메뜨로
지하철역이 어디에 있습니까?

※ Quiero un plan de las lineas del metro.
끼에로 운 쁠란 데 라스 리네아스 델 메뜨로
지하철 노선도가 필요합니다.

※ ¿Dónde ir a Plaza de España en el metro?
뿌에도 이르 아 쁠라싸 데 에스빠냐 엔 엘 메뜨로
지하철로 스페인광장에 갈 수 있습니까?

P: ¿Dónde tengo que bajar ir a la Plaza de España?
돈데 뗑고 께 바하르 이르 알 라 쁠라싸 데 에스빠냐
스페인 광장에 가려면 어디에서 내려야 합니까?

T: ¿Qué es la próxima estación?
께 에스 라 쁘록시마 에스따시온
다음은 무슨 역입니까?

M: ¿Cuánto tiempo se tarda hasta la estación de Toledo?
꾸안또 띠엠뽀 세 따르다 아스딸 라 에스따시온 데 또레도
똘레도역까지 얼마나 걸립니까?

D-1. 기차 I

🗙 ¿Dónde está la taquilla?
돈데 에스따 라 따낄야
매표소가 어디에 있습니까?

🗙 Déme el horario de trenes, por favor.
데메 엘 오라리오 데 뜨레네스 뽀르 파보르
열차 시간표를 주십시오.

🗙 ¿A qué hora va a llegar a Madrid?
아 께 오라 바 아 예가르 아 마드릿
몇 시에 마드리드에 도착하게 됩니까?

T: ¿A qué hora sale el tren para Barcelona?
아 께 오라 살레 엘 뜨렌 빠라 바르셀로나
바로셀로나행 기차는 몇 시에 출발합니까?

W: A las diez.
알 라스 디에스
10시에 출발합니다.

¿Qué clase desea usted?
께 끌라세 데세아 우스뗏
몇 등 승차권을 원하십니까?

T: Dos billetes de primera a Barcelona.
도쓰 빌예떼스 데 쁘리메라 아 바르셀로나
바로셀로나행 1등석 두장 주세요.

W: ¿De ida y vuelta o sólo de ida?
　　데　이다 이 부엘따 오 쏠로　데　이다
왕복입니까? 편도입니까?

T: Quiero billetes de ida.
　 끼에로　 빌예떼스　 데　이다
편도표로 주세요.

W: Aquí, tiene.
　 아끼　 띠에네
여기있습니다.

T: ¿A qué hora llegar allí?
　 아　께　오라　 예가르　알리
그곳엔 몇 시에 도착 합니까?

W: Llegar a las cuatro.
　 예가르　알 라스　꾸아뜨로
4시에 도착 합니다.

T: ¿De qué andén sale este tren?
　 데　께　안덴　 살레 에스떼 뜨렌
어느 플랫폼에서 출발합니까?

W: Del número siete.
　 델　 누메로　 씨에떼
7번 입니다.

D-2. 기차 II

¿En qué estación estamos?
엔 께 에스따씨온 에스따모스
여기가 어느 역입니까?

¿Cuál es la siguiente estación?
꾸알 에스 라 씨기엔떼 에스따시온
다음은 무슨 역입니까?

¿Cuánto cuesta hasta Toledo?
꾸안또 꾸에스따 아스따 똘레도
똘레도까지 요금이 얼마입니까?

T: ¿Cuánto es el billete de segunda clase?
꾸안또 에스 엘 빌예떼 데 쎄꾼다 끌리세
2등석표는 얼마입니까?

W: Cincuenta euros.
씽꾸엔따 에우로스
50유로입니다.

T: Segunda clase, por favor.
쎄꾼다 끌리세 뽀르 파보르
2등석으로 주세요.

W: Aquí, tiene.
아끼 띠에네
여기있습니다.

T: ¿A qué hora sale el tren ?
   아 께 오라 살레 엘 뜨렌

   몇 시에 출발 합니까?

W: Sale a las nueve y media.
   살레 알 라스 누에베 이 메디아

   9시30분에 출발 합니다.

T: ¿De qué andn sale el tren para Rosario?
   데 께 안덴 살레 엘 뜨렌 빠라 로사리오

   로사리오행 열차는 몇 번 홈에서 출발합니까?

W: Del número 5.
   델 누메로 씽꼬

   5번 입니다.

Hemos llegado a la estacin de trmino.
야에모스 예가도 알 라 에스따시온 데 떼르미노

Cuiden de no olvidar sus cosas en el tren.
꾸이덴 데 노 올비다르 수스 꼬사스 엔 엘 뜨렌

종착역에 도착 했습니다.
잊으신 물건 없도록 조심 하십시요.

E. 렌트카

🗙 ¿Qué clase de coches tiene?
께 끌라세 데 꼬체스 띠에네
어떤 종류의 차가 있습니까?

🗙 ¿Cuánto cuesta por día?
꾸안또 꾸에스따 뽀르 디아
하루에 요금이 얼마입니까?

🗙 ¿Puedo dejarlo en mi destino?
뿌에도 데하를로 엔 미 데스띠노
목적지에서 차를 반납할 수 있습니까?

T: Quiero alquilar un coche.
끼에로 알낄라르 운 꼬체
차를 빌리고 싶습니다.

W: ¿Qué tipo prefiere usted?
께 띠뽀 쁘레피에레 우스뗏
어떤 차를 원하십니까?

T: Quiero alquilar un coche pequeño.
끼에로 알낄라르 운 꼬체 뻬께뇨
소형차를 빌리고 싶습니다.

W: Espere un momento.
에스뻬레 운 모멘또
잠시만 기다려 주십시오.

T: ¿Cuánto cuesta por día?
꾸안또 꾸에스따 뽀르 디아
하루에 요금이 얼마입니까?

W: Dieciocho euros.
디에씨오초 에우로스
18유로입니다.

T: Quiero alquilar este coche por 3 días.
끼에로 알낄라르 에스떼 꼬체 뽀르 뜨레쓰 디아스
이 차를 3일 동안 빌리고 싶습니다.

W: ¿Qué coche quiere?
께 꼬체 끼에레
어떤 차를 원하십니까?

P: Prefiero un coche áutomatico.
쁘레피에레 운 꼬체 아우또마띠꼬
오토매틱 차를 원합니다.

F. 주유소

※ ¿Hay estación de servicio por aquí?
아이 에스따씨온 데 세르비씨오 뽀르 아끼
이 근처에 주유소가 있습니까?

※ Llene el tanque, por favor.
예네 엘 땅께 뽀르 파보르
가득 채워 주세요.

※ ¿Cómo se llama esta carretera?
꼬모 세 야마 에스따 끼레떼라
이 도로 이름이 무엇입니까?

T: Cuarenta euros de gasolina, por favor.
꾸아렌따 에우로스 데 가솔리나 뽀르 파보르
40유로어치 휘발유를 넣어 주세요.

¿Puede mirar el aceite de motor?
뿌에데 미라르 엘 아쎄이떼 데 모또르
엔진 오일을 검사해 주세요.

P: Ponga treinta litros de gasolina, por favor.
뽕가 뜨레인따 리뜨로스 데 가솔리나 뽀르 파보르
휘발유 30L를 넣어 주세요.

¿Puede revisar mi coche.
뿌에데 레비사르 미 꼬체
차를 점검해 주세요.

G. 배를 탈 때

▨ ¿Dónde está la taquilla?
돈데 에스따 라 따낄야
매표소가 어디에 있습니까?

▨ ¿Dónde está el horario?
돈데 에스따 엘 오라리오
시간표는 어디에 있습니까?

▨ ¿Qué clase de excursión en barco hay?
께 끌라세 데 에스꾸르씨온 엔 바르꼬 아이
유람선 여행으로 어떤 것이 있습니까?

T: ¿Hay excursión nocturna en barco?
아이 에스꾸르씨온 녹뚜르나 엔 바르꼬
유람선 야간 관광이 있습니까?

P: Claro que sí.
끌라로 께 씨
물론이죠.

T: Dos billetes de adulto, por favor.
도스 빌예떼스 데 아둘또 뽀르 파보르
성인표 두 장 주세요.

W: Aquí, tiene.
아끼 띠에네
여기 있습니다.

T: ¿A qué hora sale el siguiente barco?
  아 께 오라 살레 엘 씨기엔떼 바르꼬
  다음 배는 몇 시에 출발합니까?

P: Quiero reservar una silla en cubierta.
  끼에로   레세르바르 우나 씰야 엔 꾸비에르따
  갑판좌석을 예약하고 싶습니다.

W: Están bien. ¿Cuántas personas?
  에스따 비엔   꾸안따스 뻬르소나스
  좋습니다. 몇 분이십니까?

P: Ocho.
  오초
  8명 입니다.

Siento un mareo muy fuerte. ¿Puedo
씨엔또 운 마레오 무이 푸에르떼   뿌에도
abrir la ventana?
아브리를 라 벤따나
배멀미가 몹시 심합니다. 창문을 열어도 될까요?

쇼핑센터나 노점에서는
통행인의 소매치기가 많기 때문에
지불할 때 외에는 지갑이나
돈을 보이지 않도록 주의해야 된다.
큰 쇼핑센터는 무리인줄 알아도
토산품이나 노점에서는 가격을 깎아
보는 것도 좋다.
이때

¿Puedo rebajarme algo?
뿌에데 레바하르메 알고
깎아 주실 수 있습니까?

Un poco más de rebaja, por favor.
운 뽀꼬 마스 데 레바하 뽀르 파보르
조금 더 값을 깎아 주세요.
라는 표현을 기억해 두면
아주 편리하다.

CHAPTER 08.
쇼핑

쇼핑

A-1. 여행지에서 의류 쇼핑 I

▩ Puedo probar esto?
뿌에도 쁘로바르 에스또
입어 보아도 됩니까?

▩ ¿Dónde está el espejo?
돈데 에스따 엘 에스뻬코
거울은 어디에 있습니까?

▩ Esto es demasido grande.
에스또 에스 데마시아도 그란데
너무 큽니다.

W: ¿Qué desea usted?
께 데쎄아 우스뗏
무엇을 도와 드릴까요?

P: Pero sa es demasiado obscura.
뻬로 사 에 데마시아도 옵스꾸라
스커트 하나를 사고 싶습니다.

W: Estas son de ltima moda.
에스따스 손 데 울띠마 모다
이것들은 최신 유행품 입니다.

P: ¿Puedo probármelo?
   뿌에도 뿌로바르멜로

입어 봐도 됩니까?

W: Sí, claro.
   씨 끌라로

예, 입어 보세요.

P: ¿Dónde está el probador?
   돈데 에스따 엘 뿌로바도르

어디서 입어볼 수 있습니까?

W: Aquí esta el probador.
   아끼 에스따 엘 브로바르도

탈의실은 이쪽입니다.

P: Es demasiado largo. ¿Puedo probar
   에스 데마시아도 라르고 뿌에도 쁘로바르
   otro?
   오뜨로

너무 길군요. 다른 것을 입어 볼 수 있어요?

W: Pase por aqui, por favor.
   빠세 뽀르 아끼 뽀르 파보르

이리 오십시요.

P: Es demasiado corto. Tiene otro tipo?
   에스 데마시아도 꼬르또 띠에네 오뜨로 띠뽀

너무 짧아요. 다른 것은 없습니까?

A-2. 여행지에서 의류 쇼핑 II

🗫 ¿Más pequeña, por favor.
　 마스　뻬께냐　뽀르 파보르
좀 작은 것으로 보여 주세요.

🗫 Es un poco estrecho.(ancho)
　 에스 운 뽀꼬　에스뜨레초　　엔초
약간 낍니다. (헐렁합니다)

🗫 Qué talla tiene usted?
　 께　딸야　띠에네　우스뗏
손님 싸이즈가 얼마입니까?

W: ¿Qué quería?
　　 께　께리아
무엇을 찾으십니까?

T: ¿Tiene chaquetas?
　　띠에네　차케따스
자켓 있습니까?

W: ¿Qué color desea?
　　 께　꼴로르　데쎄아
어떤 색깔을 원하세요?

T: Violeta, por favor.
　　올레따　뽀르 파보르
보라색을 원합니다.

W: Estas son de ltima moda.
에스따스 손 데 울띠마 모다
이것들은 최신 유행품 입니다.

T: ¿Cuánto vale esto?
꾸엔또 발레 에스또
이것은 얼마입니까?

W: Trescientos euros.
뜨레씨엔또쓰 에우로스
300유로입니다.

T: Es demasiado cara. ¿No hay otra ms barata?
에스 데마시아도 까라 노 아이 오뜨라 마스 바라따
너무 비쌉니다. 더 싼 것은 없습니까?

P: ¿Dónde están los departamentos de medidas y calcetines?
돈데 에스딴 로스 데빠르따멘또스 데 메디다스 이 깔세띠네스
스타킹과 양말 매장을 어디에 있습니까?

W: Está en el primer piso.
에스따 엔 엘 쁘리메르 삐소
2층에 있습니다.

* 스페인어권의 2층은 우리의 3층에 해당한다. 우리의 1층은 층수에 포함하지 않고 그냥 바닥층(PB=Planta Baja)이라고 부른다.

A-3. 여행지에서 의류 쇼핑 III

◼ ¿Tiene usted corbatas?
띠에네 우스뗏 꼬르바따스
넥타이 있습니까?

◼ Enseme usted unos sombreros.
엔세네메 우스뗏 우노스 솜브레로
모자를 좀 보여 주십시오.

◼ ¿Tiene usted bolsos rojos?
띠에네 우스뗏 볼소스 로호스
빨간 가방있습니까?

W: ¿Qué le parece esta corbata?
께 레 빠레세 에스따 꼬르바따
이 넥타이는 어떻습니까?

T: Quiero comprar una pollera.
끼에로 꼼쁘라르 우나 뽀예라
새로운 것을 보여 주십시오.

W: Este color es de moda recientemente.
에스떼 꼴로르 에스 데 모다 레시엔떼멘떼
이 색깔이 최근에 유행하고 있습니다.

T: Bueno, me quedar con este.
부에노 메 께다레 꼰 에스떼
좋아요, 이걸로 하겠습니다.

P: ¿Dónde venden sombreros?
　　돈데　　　벤덴　　　솜브레로

모자는 어디서 팔고 있습니까?

W: En el piso segundo.
　　엔 엘 삐소　 세군도

3층 입니다.

P: ¿Se venden aquí sombreros?
　　세　 벤덴　 아끼　 솜브레로스

여기서 모자를 파십니까?

W: Si, señor. Pase por aqui.
　　씨　세뇨르　빠세　뽀르 아끼

예, 있습니다. 이리 오십시요.

P: Este es demasiado grande. ¿No hay
　　에스떼 에스 데마시아도　그란데　　　노 아이

　otro más pequeño?
　오뜨로 마스　 뻬께뇨

이것은 너무 큽니다. 더 작은 것은 없습니까?

W: Ese le va muy bien. Aquí está el espejo.
　　에세 레 바 무이 비엔　아끼 에스따 엘 에스뻬호

그건 잘 어울립니다. 여기에 거울이 있습니다.

P: Bueno. Haga el favor de envolverlo.
　　부에노　 아가 엘 화보르 데　엔볼베를로

좋아요. 모자를 싸 주십시요.

B. 여행지에서 쇼핑몰 탐색하기

※ ¿Dónde está el centro comercial?
　　돈데　에스따　엘　쎈뜨로　꼬메르시알
쇼핑몰은 어디에 있습니까?

※ ¿Dónde está la papelería?
　　돈데　에스따　라　빠뻬레리아
문구점은 어디에 있습니까?

※ ¿Dónde está el supermercado?
　　돈데　에스따　엘　수뻬르메르까도
슈퍼마켓은 어디에 있습니까?

P: ¿Tiene usted lpices?
　　띠에네　우스뗏　라삐세스
연필은 있습니까?

W: Lo siento mucho, pero ahora no tenemos
　　로　시엔또　무쵸　뻬로　아오라　노　떼네모스
ninguno.
닝구노
안됐습니다만 지금 가지고 있는 것이 하나도 없습니다.

T: ¿Dónde puedo comprar lbumes?
　　돈데　뿌에도　꼼쁘라르　알부메스
앨범은 어디서 살 수 있습니까?

W: Pase por aqui.
　　빠세　뽀르　아끼
　　이리 오십시요.

T: ¿Quiere usted ensearmelas?
　　끼에레　우스뗏　엔세냐르멜라스
　　보여 주시겠습니까?

P: Quisiera comprar papel de cartas y sobres.
　　끼시에라　꼼쁘라르　빠뻴　데　까르따스 이　소브레스
　　편지지와 봉투를 사고 싶은데요.

W: Suba usted al piso primero y valas, por favor.
　　수베　우스뗏　알 삐소　쁘리메로 이 베알라스　뽀르 파보르
　　2층에 올라 가셔서 보십시요.

T: Quisiera un reloj de pulsera.
　　끼시에라　운 렐로흐　데　뿔세라
　　팔목 시계를 하나 사고 싶습니다.

W: ¿Quiere usted un reloj de oro?
　　끼에레　우스뗏　운 렐로흐 데 오로
　　금시계를 원하십니까?

Este es de fabricacin suiza.
에스떼 에스 데　화브리까시온　수이사
이것은 스위스 제품입니다.

C. 선물 · 토산품 · 면세점 쇼핑하기

⊠ Soló estoy echando un vistazo.
쏠로 에스또이 에찬도 운 비스따쏘
그냥 둘러보는 것입니다.

⊠ Quiero unos regalos para mis padres.
끼에로 우노스 레갈로스 빠라 미스 빠드레스
부모님께 드릴 선물을 찾고 있습니다.

⊠ ¿Se venden artículos libres de impuestos?
세 벤덴 아르띠꿀로스 리브레스 데 임뿌에스또스
면세품을 판매합니까?

W: ¿En qué puedo servirle?
엔 께 뿌에도 세르비를레
무엇을 도와드릴까요?

T: Un regalo para un amigo.
운 레가로 빠라 운 아미고
친구에게 줄 선물을 원합니다.

W: ¿Qué le parece esto?
께 레 빠레쎄 에스또
이것은 어떻습니까?

T: Me quedo con esto.
메 께도 꼰 에스또
이것으로 하겠습니다.

T: ¿Cuánto vale esto?
꾸엔또 발레 에스또
이것은 얼마입니까?

W: Catorce euros.
까또르쎄 에우로스
14유로입니다.

T: ¿Puedo envolvérlo?
뿌에도 엔보레롤로
포장해 주실 수 있습니까?

P: Quiero comprar algo de recuerdos.
끼에로 꼼쁘라르 알고 데 레꾸에르도스
기념품을 사고 싶은데요.

¿Hay otro más barato?
아이 오뜨로 마스 바라또
값이 싼 것도 있습니까?

T: ¿Están incluidos los impuestos?
에스딴 인끌루이도스 로스 임뿌에스또스
세금이 포함되어 있습니까?

P: ¿Puedo comprar sin impuestos?
뿌에도 꼼쁘라르 씬 임뿌에스또스
면세로 살 수 있습니까?

D. 물건값 흥정하기

※ ¿Puedo rebajarme algo?
　뿌에데　　레바하르메　　알고
깎아 주실 수 있습니까?

※ Un poco más de rebaja, por favor.
　운　뽀꼬　마스　데　레바라　뽀르 파보르
조금 더 값을 깎아 주세요.

※ ¿No tienen otro más barato?
　노　띠에넨　오뜨로　마사　바라또
더 싼 것은 없습니까?

P: Es un poco caro. ¿No hay descuento?
　에스 운　뽀꼬　까로　　노 아이　데스꾸엔또
좀 비싸군요. 할인해 주지 않습니까?

T: Hágame una rebaja, por favor.
　아가메　　우나　레바카　뽀르 파보르
할인해 주세요.

P: Es demasiado cara. ¿No hay otra ms
　에스　데마시아도　까라　　노 아이 오뜨라 마스
barata?
바라따
너무 비쌉니다. 더 싼 것은 없습니까?

스페인 사람들은 하루 중 가장 더운 시간에 시에스타(낮잠)를 즐긴다. 그래서 시에스타 시간 동안 많은 상점들과 관광지가 문을 닫는다. 마드리드와 같은 대도시의 경우, 시에스타가 그다지 지켜지지 않지만 중소 도시의 경우 시에스타가 철저하다. 상점들은 보통 오전 9시 내지 9시 30분에서 1시 30분까지, 다시 오후 4시 30분 내지 5시에서 오후 8시나 8시 30분까지 문을 열고 장사를 한다.

 스페인은 가죽 제품이 유명하다. 스페인 국적의 브랜드인 로에베(Loewe)는 유럽의 3대 피혁 메이커 중의 하나로 최고급의 가죽 제품.
 스페인의 바겐세일은 레바하(Rebaja)라고 하는데 기간은 여름(7월~8월)과 겨울(1월-2월)에 크게 2번이 있다.

E. 계산하기

❌ ¿Cuánto es?
  꾸안또 에스
얼마입니까?

❌ ¿Cuánto vale esto?
  꾸안또 발레 에스또
이것은 얼마입니까?

❌ ¿Puedo usar los cheques de viajeros?
  뿌에도 우사르 로스 체께스 데 비아헤로스
여행자 수표를 사용할 수 있습니까?

T: ¿Cuánto cuesta en total?
   꾸안또 꾸에스따 엔 또딸
모두 얼마입니까?

W: Catorce euros.
   까또르쎄 에우로스
14유로입니다.

T: ¿Puedo usar esta tarjeta de crédito?
   뿌에도 우사르 에스따 따르헤따 데 끄레디또
이 신용카드를 사용할 수 있습니까?

W: Claro.
   끌라로
물론입니다.

T: El recibo, por favor.
   엘 레시보 뽀르 파보르
   영수증을 부탁합니다.

   Creo que la cuenta no es correcta.
   끄레오 께 라 꾸엔따 노 에스 꼬렉따
   계산서가 틀린 것 같습니다.

P: ¿Dónde está la caja?
   돈데 에스따 라 까하
   계산대가 어디에 있습니까?

F. 파손품 환불 · 교환하기

🗶 **Quiero devolverlo.**
끼에로 데볼베를로

환불해 주세요.

🗶 **Esta parte está rota.**
에스따 빠르떼 에스따 로따

이 부분이 찢어져 있습니다.

🗶 **¿Pueden cambiármelo por uno nuevo?**
뿌에덴 깜비아르멜로 뽀르 우노 누에보

다른 새 것으로 교환해 주실 수 있습니까?

W: **¿Puedo cambiar esto?**
뿌에도 깜비아르 에스또

무엇이 문제입니까?

T: **Esto está roto.**
에스또 에스따 로또

깨졌습니다.

¿Pueden cambiármelo por otro?
뿌에덴 깜비아르멜로 뽀르 오뜨로

다른 것으로 교환해 주실 수 있습니까?

P: **No funciona nada.**
노 푼씨오나 나다

전혀 작동하지 않습니다.

스페인의 물품에는 16%의 부가가치세가 붙는데, 한 상점에서 90.15유로 이상의 물품 구입시 세금을 환불받을 수 있다. 구입한 물건들은 3개월 동안 EU 국가로 가지고 나갈 수 있다. 상점에서 '유럽 세금 면제 구매 수표(Europe Tax-Free Shopping Cheque)'에 필요한 사항을 기입하고 스페인 또는 EU 최종 출발국가의 공항 세관에 제시하면 된다.

숙박 시설이나 레스토랑을 이용할 경우 7%의 IVA가 붙는다. 요금표의 가격이 IVA가 포함된 것인지(con IVA), 아닌지(sin IVA) 확인할 것. 또한 술이나 전자제품 등의 물건을 구입할 경우에도 16%의 IVA가 붙는다. 단품으로 1만5000pts 이상의 물건을 구입했을 경우 IVA를 환급받을 수 있으므로, 출국시 신고한다.

G. 은행이나 환전소에서 환전 할때

✖ ¿Hasta qué hora está abierta el banco?
아쓰따 께 오라 에스따 아비에르따 엘 방꼬
은행은 몇 시까지 문을 엽니까?

✖ ¿A cómo está el cambio de hoy?
아 꼬모 에스따 엘 깜비오 데 오이
오늘의 환율은 얼마입니까?

✖ Cambie este billete en monedas.
깜비에 에스떼 빌예떼 엔 모네다스
이 지폐를 동전으로 바꿔 주세요.

T: ¿Dónde está el banco?
돈데 에스따 엘 방꼬
은행은 어디입니까?

W: Sí, está allí.
씨 에스따 아이
네, 저쪽에 있습니다.

T: Aprecio su gran amabilidad.
아쁘레시오 수 그란 아마빌리다드
도와주셔서 감사합니다.

W: De nada.
데 나다
천만에요.

T: Quiero cambiar este cheque de viaje
   께에로 깜비아르 에스떼 체께 데 비아헤
   en efectivo.
   엔 에펙띠보
   이 여행자수표를 현금으로 바꾸려 합니다.

C: Su pasaporte, por favor.
   수 빠사뽀르떼 뽀르 파보르
   여권을 보여 주세요.

T: Aquí tiene.
   아끼 띠에네
   여기 있습니다.

C: Sí, firme aquí. Señor. ¿Cómo quiere
   씨 피르메 아끼 세뇨르 꼬모 끼에레
   el dinero?
   엘 디네로
   네, 여기에 사인을 해 주십시오. 돈을 어떻게 드릴까요?

T: Deme dos billetes de 100 euros y el
   데메 도스 빌예떼스 데 씨엔 에우로스 이 엘
   resto suelto.
   레스또 수엘또
   100유로 2장, 나머지는 잔돈으로 주세요.

❈ Suelto, por favor.
수엘또 뽀르 파보르
잔돈으로 주십시오.

❈ Cámbieme doscientos dólares.
깜비에메 도스씨엔또스 돌라레스
200달러를 바꿔 주세요.

❈ ¿Cuánto es de comisión?
꾸안또 에스 데 꼬미씨온
수수료는 얼마입니까?

P: ¿Dónde está la oficina de cambio?
돈데 에스딸 라 오피씨나 데 깜비오
환전소가 어디에 있습니까?

W: Esta al lado de la sala de espera.
에스따 엘 라도 데 라 살라 데 에스뻬라
대합실 옆에 있습니다

P: Quiero cambiar este cheque de viaje
께에로 깜비아르 에스떼 체께 데 비아헤
en euros.
엔 에우로스
이 여행자 수표를 유로화로 바꾸려 합니다.

CHAPTER 09.
관광

관광

A-1. 관광I

❌ ¿Dónde está la oficina de información
　　돈데　에스따 라 오피씨나 데　인포르마씨온
de turismo?
데　뚜리스모
관광안내소가 어디에 있습니까?

❌ Tenemos una excursión.
떼네모스　우나　에스꾸르씨온
정기 관광이 있습니다.

❌ ¿Tiene un mapa de la ciudad?
띠에네　운　마빠　데 라　씨우닷
시내지도가 있습니까?

T: ¿Hay alguna excursión para Segovia?
아이　알구나　에스꾸르씨온　빠라　세고비아
세고비아를 여행하는 코스가 있습니까?

W: Claro.
끌라로
물론입니다.

T: ¿A qué hora empieza el recorrido?
아 께　오라　엠삐에사　엘　레꼬리도
몇 시에 출발합니까?

W: A las nueve.
알 라스 누에베
9시입니다.

T: ¿Cuál es el precio por persona?
꾸알 에스 엘 쁘레씨오 뽀르 뻬르소나
1인당 비용이 얼마입니까?

W: Veintiseis euros.
베인띠쎄이쓰 에우로스
26유로입니다.

T: Deme un folleto, por favor.
데메 운 포예또스 뽀르 파보르
팜플렛을 보여 주세요.

W: Aquí está uno.
아끼 에스따 우노
여기 있습니다.

T: ¿Está incluida la comida en el precio?
에스따 인끌루이다 라 꼬미다 엔 엘 쁘레씨오
식사비가 비용에 포함됩니까?

A-2. 관광II

※ ¿Recorrido de un día?
레꼬리도 데 운 디아
하루 코스입니까?

※ Dame un mapa de turismo.
다메 운 마빠 데 뚜리스모
관광지도 한 장 주세요.

※ ¿Puedo conseguir una guía de turismo?
뿌에도 꼰세기르 우나 기아 데 뚜리스모
관광안내서를 구할 수 있을까요?

T: ¿Cuánto es la entrada?
꾸안또 에스 라 엔뜨라다
입장료는 얼마입니까?

W: Catorce euros.
까또르쎄 에우로스
14유로입니다.

T: Dos de adultos, por favor.
도스 데 아둘또스 뽀르 파보르
어른표 두 장 주세요.

¿Hasta qué hora está abierto?
아스따 께 오라 에스따 아비에르또
몇 시까지 문을 엽니까?

W: A las seis de la tarde.
   알 라스 쎄이스 데 라 따르데
   오후 6시까지 입니다.

T: ¿Hay folletos turísticos?
   아이 포예또스 뚜리스띠꼬스
   관광 안내책자가 있습니까?

W: Aquí está uno.
   아끼 에스따 우노
   여기 있습니다.

T: ¿Dónde es el mejor sitio para visitar?
   돈데 이스 엘 메호르 씨띠오 빠라 비씨따르
   제일 구경할 만한 곳은 어디입니까?

B. 기념촬영

※ Déme un rollo de color.
데메 운 롤요 데 꼴로르
컬러필름 한 통 주세요.

※ ¿Puedo sacar las fotos aqui?
뿌에도 사까르 라스 포또스 아끼
여기서 사진을 찍을 수 있습니까?

※ ¿Podría sacarme una foto?
뽀드리아 사까르메 우나 포또
사진 한 장 찍어 주시겠어요?

T: ¿Puedo sacar fotos?
뿌에도 사까르 포또스
사진 찍어도 좋습니까?

W: Sí, puede.
씨 뿌에데
예, 좋습니다.

P: ¿Puede sacarme una foto?
뿌에데 사까르메 우나 포또
사진 찍어 주실 수 있습니까?

W: Deme su cámara.
데메 수 까마라
카메라를 주세요.

P: Solo déle al disparador.
　쏠로　뗄레　알　디스빠라도르
　이 써더만 눌누시면 됩니다.

T: Quiero sacarme una foto con usted.
　끼에로　사까르메　우나　포또　꼰　우스뗏
　당신과 함께 사진을 찍고 싶습니다.

W: Sí, puede.
　씨　뿌에데
　예, 좋습니다.

T: Le voy a mandar las fotos.
　레 보이 아　만다르　라스 포또스
　당신에게 사진을 보내드리겠습니다.

　¿Puede darme su nombre y su dirección?
　뿌에데　다르메 수　놈브레 이 수　디렉씨온
　이름과 주소를 알려주시겠어요?

¿Dónde puedo comprar la película?
돈데 뿌에도 꼼쁘라를 라 뻬르리꿀라
어디에서 필름을 살 수 있습니까?

Me permite tomarle una foto?
메 뻬르미떼 또마를레 우나 포또
당신 사진을 찍어도 됩니까?

Podria sacarme una foto?
뽀드리아 사까르메 우나 포또
죄송합니다만, 제 사진을 찍어 주시겠습니까?

P: ¿Puedo usar cámara?
뿌에도 우사르 까마라
카메라를 사용해도 좋습니까?

W: Puedo usar cámara sin flash.
뿌에도 우사르 까마라 씬 플라쉬
플래시 없이 사용할 수 있습니다.

T: Se pueden sacar fotos aquí?
세 뿌에덴 사까르 포또스 아끼
여기서 사진을 찍어도 됩니까?

투우

코리다 데토로스(Corrida de Toros)라 불리우는 스페인의 국민적 행사로 3월 중순 발렌시아 불꽃축제부터 10월 중순까지 매주 일요일과 공휴일에 개최된다. 특히 성 이시도로 축제(5월15일)를 전후한 2주 사이에는 매일 개최되며, 남부지역의 경우에는 겨울에도 투우경기가 열린다. 경기의 개막은 빛과 어둠이 교차되는 때인 저녁 5시에서 6시사이로 계절에 따라 다소차이가 있다.

경기장의 좌석은 햇빛을 받는 위치에 따라 Sombra석, Soly Sombra석, Sol석으로 구분되며 가격에서도 차이가난다. 투우 경기는 하루에 3명의 정 투우사인 마타도르가 6마리의 소를 죽이는데, 소요시간은 1마리당 약 20분정도이다. 투우경기의 절정은 마타도르가 얼마나 화려한 솜씨로 소를 즉사시키는가에 달려 있으며, 열광하는 스페인 관중들과 하나가 되는 것 또한 좋은 경험이 될 것이다.

C. 박물관 관람

▣ Quiero ir al Museo del Prado.
끼에로 이르 알 무세오 델 쁘라도
쁘라도 박물관에 가고 싶습니다.

▣ ¿Hay una exposición especial?
아이 우나 엑스뽀씨씨온 에스뻬시알
특별 전시가 있습니까?

▣ ¿Qué obras hay en este museo?
께 오브라스 아이 엔 에스떼 무세오
이 박물관에는 어떤 작품들이 있습니까?

T: ¿Hasta qué hora está abierto?
아스따 께 오라 에스따 아비에르또
몇 시까지 관람할 수 있습니까?

W: A las ocho.
아 라스 오쵸
8시까지입니다.

T: ¿De quién es este cuadro?
데 끼엔 에스 에스떼 꾸아드로
이 그림은 누구의 것입니까?

W: De Picasso.
데 삐까소
피카소의 것입니다.

T: ¿Dónde está la sala de Picasso?
　　돈데　에스따 라　살라　데　삐까소
피카소 전시실은 어디에 있습니까?

W: Está en la primera planta.
　　에스따 엔 라 쁘리메라　　쁠란따
2층에 있습니다.

P: ¿Dónde estan los cuadros de Goya?
　　돈데　에스딴 로스 꾸아드로스　데　고아
고야의 그림은 어디에 있습니까?

W: Está en la planta baja.
　　에스따 엔 라 쁠란따　바하
1층입니다.

P: ¿A qué hora se cierra el museo?
　아 께　오라 세 씨에라 엘 무세오
박물관은 몇 시에 문을 닫습니까?

W: Se cierra a las cuatro.
　세　씨에라　알 라스 꾸아뜨로
4시에 문을 닫습니다.

P: ¿Hay guías en el museo?
　아이　기아스　엔 엘 무세오
박물관에 가이드가 있습니까?

HORA DA APERTIRA 09:00
개관시관 오전 9시

HORA DA CIERRE 20:00
폐관시간 오후 8시

NO FILMAR
사진 촬영 금지

ENTRADA GRATUITA
무료 입장

D. 레저 스포츠 · 공연 관람

✖ Quiero alquilar una bicicleta.
  끼에로 알낄라르 우나 비씨끌레따
자전거를 빌리고 싶습니다.

✖ Quiero ver algún partido de fútbol.
  끼에로 베르 알군 빠르띠도 데 풋볼
축구경기를 보고 싶습니다.

✖ ¿Hay un partido de fútbol el sábado?
  아이 운 빠르띠도 데 풋볼 엘 싸바도
토요일에 축구경기가 있습니까?

T: Quiero jugar al golf.
   끼에로 후가르 알 골프
골프를 치고 싶습니다.

W: ¿Tiene reserva?
   띠에네 레세르바
예약했습니까?

T: ¿No puedo jugar sin reserva?
   노 뿌에도 후가르 씬 레세르바
예약 없이는 할 수 없습니까?

P: ¿Qué ponen esta noche?
   께 뽀넨 에스따 노체
오늘밤 무엇을 공연합니까?

✖ ¿A qué hora empieza?
아 께 오라 엠삐에싸
몇 시에 시작합니까?

✖ ¿Hay algún partido de fútbol hoy?
아이 알군 빠르띠도 데 풋볼 오이
오늘 축구경기가 있습니까?

✖ ¿A qué hora termina?
아 께 오라 떼르미나
몇 시에 끝납니까?

W: ¿Qué localidades quiere?
뿌에도 레끌리나르 엘 아씨엔또
어떤 좌석을 원하십니까?

P: Centrales, por favor.
쎈뜨랄레스 뽀르 파보르
중앙으로 주세요.

T: La más barata, por favor.
라 마사 바라따 뽀르 파보르
가장 싼 것으로 주세요.

P: ¿A qué hora empieza el concierto?
아 께 오라 엠삐에싸 엘 꼰씨에르또
콘서트는 몇 시에 시작합니까?

플라맹고

안달루시아의 집시예술로 노래와 춤, 반주의 3요소로 이루어져 있다. 그라나다, 세비야 지방이 2대 중심지이며, 아랍과 인도의 영향을 찾아 볼 수 있다. 타블라오라 불리우는 극장식 레스토랑에서 관람할 수 있으며, 음료수나 식사와 더불어 즐길 수 있습니다. 식사를 곁들이면 요금부담이 크므로 경제적으로 플라멩고를 즐기려면 저녁 9시 이후에 입장하여 간단한 음료수를 마시며 관람하는 것이 좋다.

공휴일

신년	1월 1일
주현절	1월 6일
성요셉의 날	3월 19일
성목요일	3월 28일
* 성금요일	3월 29일
*메이 데이	5월 1일
산디아고 축제	7월 25일
성모승천일	8월 15일
신대륙 발견일	10월 12일
모든 성인의 날	11월 1일
헌법의 날	12월 6일
성모수태일	12월 8일
크리스마스	12월 25일

CHAPTER 10.
전화 · 우편

전화 · 우편

A-1. 국제 전화 I

※ Por favor, esta llamada a cobro revertido.
뽀르 파보르 에스따 이야마다 아 꼬브로 레베르띠도
수신자 부담으로 부탁합니다.

※ Una llamada a cobro revertido, por favor.
우나 야마다 아 꼬브로 레베르띠도 뽀르 파보르
콜렉트 콜을 부탁합니다.

※ Quiero llamar a Corea.
끼에로 야마르 아 꼬레아
한국으로 전화를 하려고 합니다.

T: Quiero racer una llamada internacional.
끼에로 라세르 우나 야마다 인떼르나씨오날
국제전화를 하고 싶습니다.

O: ¿Qué país?
께 빠이스
어느 나라입니까?

T: Quiero teléfonear a Corea.
끼에로 뗄레포네아르 아 꼬리아
한국에 전화 걸고 싶습니다.

O: ¿A qué parte de Corea.
　　아 께 빠르떼 데 꼬리아
한국 어디를 원하십니까?

T: Quiero llamar al Seúl.
　　끼에로　야마르　알 서울
서울입니다.

O: ¿Cuál es el prefijo territorial de Seúl?
　　꾸알 에스 엘 쁘레피호 떼리또리알 데 서울
서울의 지역번호는 몇 번입니까?

T: El prefijo territorial de Seul es 02.
　　엘 쁘레피호　떼리또리알　데 세울 에스 쎄로 도스
서울의 지역번호는 02입니다.

O: ¿Cuál es el número ?
　　꾸알 에스 엘 누메로
전화번호가 어떻게 됩니까?

T: El 714-6567.
　　엘 쎄에떼 우노 꾸아뜨로 쎄이쓰 씽꼬 쎄이스 씨에떼
714-6567입니다.

O: El está al teléfono. Hable, por favor.
　　엘 에스따 알 뗄레포노 아블레 뽀르 파보르
나왔습니다. 말씀하세요.

A-2. 국제 전화 II

La llamada se ha cortado.
라 야마다 세 아 꼬르따도
전화가 끊겼습니다.

Está ocupada.
에스따 오꾸빠다
통화중입니다.

Nadie contesta.
나디에 꼰떼스따
아무도 전화를 받지 않습니다.

T: Oiga! Una llamada a cobro revertido a Seúl.
오이가 우나 야마다 아 꼬부로 레베르띠도 아 서울
여보세요. 서울로 콜렉트콜 부탁합니다.

Le número de teléfono es 403-9080
엘 누메로 데 뗄레포노 에스 꾸아뜨르 쎄로 뜨레로
누에베 쎄로 오초 쎄로

de Seúl.
데 서울
전화번호는 서울 403-9080입니다.

O: Deme su nombre y el número de su
데메 수 놈브레 이 엘 누메로 데 수
habitación.
아비따씨옴
선생님의 성함과 룸넘버를 말씀해 주세요.

T: Me llamo Cho Seung Hwan.
   메 야모 조 성 환
   제 이름은 조성환입니다.

   Aquí la habitación 310.
   아끼 라 아비따씨온 뜨레쓰 디에쓰
   여기 310호실입니다.

O: Un momento, por favor.
   운 모멘또 뽀르 파보르
   잠시만 기다리세요.

T: Gracias.
   그라시아스
   감사합니다.

P: Quisiera poner la comunicacin a larga
   끼시에라 뽀네르 라 꼬무니까시온 알 라르가
   distancia.
   디스딴시아
   장거리 전화를 걸고 싶습니다.

O: ¿A dnde quiere llamar?
   아 돈데 끼에레 야마르
   어디에 통화 하려고 합니까?

T: Póngame esta llamada a cobro revertido.
   뽕가메 에스따 야마다 아 꼬브로 레베르띠도
   이 통화는 수신자부담으로 해주세요.

전화

공중전화는 파란색으로 동전카드 겸용이며, 호텔 로비나 미술관, 레스토랑 등에서 볼 수 있는 녹색 전화기는 동전 전용. 국제전화를 하는 경우에는 동전을 사용하는 것보다는 전화 카드를 사용하는 것이 좋다.

전화카드는 20, 40, 50유로짜리로 에스땅꼬나 끼오스꼬에서 판매한다.

시내 통화에도 지역 번호가 부여되어 모두 아홉 자리로 통일된 것. 한국으로 전화를 걸 경우 00-82-(0을 뺀)지역번호-전화번호를, 콜렉트콜을 걸 경우 900-99-0082, 900-99-0822를 누르면 한국인 통신교환원이 나온다.

B-1. 시내 전화 I

¿Cuando vuelve?
꾸안도 부엘베
언제 돌아옵니까?

Volvere a llamarle mas tarde.
볼보레 아 야마를레 마스 따르데
나중에 다시 걸겠습니다

¿Puedo dejarle un recado?
뿌에도 데카를레 운 레카도
메모를 남길 수 있습니까?

S: **Quisiere hablar con el Sr. Cho Seung Hwan.**
끼시에라 아블라르 꼰 엘 세뇨르 조 성 환
조 성환씨를 부탁합니다.

W: **Un mometo, por favor.**
운 모멘또 뽀르 파보르
잠시만 기다리세요.

El Sr. Cho Seung Hwan no esta aqui.
엘 세뇨르 조 성 환 노 에스따 아끼
조 성환씨는 안 계십니다.

S: **Digale que me llame?**
디갈레 께 메 이야메
제게 전화를 하라고 전해 주시겠습니까?

B-2. 시내 전화 II

☒ Hable despacio, por favor.
   아블레   데스빠시오   뽀르 파보르
   천천히 말씀해 주십시오.

☒ Hable mas despacio, por favor.
   아블레 마스   데스빠시오   뽀르 파보르
   조금 천천히 말씀해 주십시오.

☒ ¿ Hay aquí cerca un teléfono público?
   아이 아끼 세르까 운 뗄레 뿌블리꼬
   이 근처에 공중전화가 있습니까?

W: Escucho.
   에스꾸쵸
   여보세요.

T: ¿Es 403-9080 ?
   에스 꾸아뜨르 쎄로 뜨레로 누에베 쎄로 오초 쎄로
   403-9080입니까?

W: Sí, sí es aquí.
   씨 씨 에스 아끼
   네, 그렇습니다.

   ¿Con quin hablo ?
   꼰 끼엔 아블로
   누구십니까?

T: El Sr. Shin habla.
  엘 세뇨르 신 아불라
  신입니다.

  ¿Está el Sr. Toledo en casa ?
  에스따 엘 세뇨르 똘레도 엔 까사
  똘레도씨 댁에 계십니까?

W: Soy, yo mismo.
  소이 요 미스모
  바로, 접니다.

T: Espere en aparato un minuto.
  에스뻬레 엔 아빠라또 운 미누또
  잠깐 기다려 주십시요.

W: No puedo entenderle. Haga el favor
  노 뿌에도 엔뗀데를레 아가 엘 파르
  de hablar un poco ms fuerte.
  데 아블라르 운 뽀꼬 마스 후에르떼
  들리지 않습니다. 조금 더 크게 말씀해 주십시요.

B-3. 시내 전화 III

Esta ocupado.
에스따 오꾸빠도
통화 중입니다.

¿Dónde está la lista de los abonados?
돈데 에스따 라 리스따 델 로스 아보나도스
전화번호부는 어디 있습니까?

Dónde hay un teléfono público?
돈데 아이 운 뗄레포노 뿌블리꼬
공중 전화는 어디에 있습니까?

T: Podra hablar con el Sr.Toledo?
뽀드리아 아블라르 꼰 엘 세뇨르 똘레또
똘레도씨와 통화 할 수 있을까요?

W: Un momento, por favor.
운 모멘또 뽀르 파보르

Disculpe, pero el Sr. Toledo está
디스꿀뻬 뻬로 엘 세뇨르 똘레도 에스따

hablando por otra lnea.
아블란도 뽀르 오뜨라 리네아

잠간만 기다리세요. 죄송합니다만, 똘레도씨는 다른 전화로 통화 중 입니다.

T: Disculpe por haberlo hecho esperar.
   디스꿀뻬 뽀르 아베를로 에쵸 에스뻬라르
   기다리게 해서 죄송합니다.

P: ¿Puedo usar el teléfone?
   뿌에도 우사르 엘 뗄레포노
   전화를 사용할 수 있습니까?

T: El telfono está ocupado.
   엘 뗄레풔노 에스따 오꾸빠도
   사용 중 입니다.

   ¿Podra usted esperar un momento?
   뽀드리아 우스뗏 에스뻬라르 운 모멘또
   잠시만 기다리시겠습니까?

C. 우편물

🗙 ¿Dónde está le oficina de correos?
돈데 에스따 라 오피씨나 데 꼬레오스
우체국이 어디에 있습니까?

🗙 ¿Se venden aquí tarjetas postales ?
세 벤덴 아끼 따르헤따스 뽀스딸레스
여기서 엽서를 팝니까?

🗙 ¿Dónde puedo comprar los sellos?
돈데 뿌에도 꼼쁘라를 로스 셀요스
어디서 우표를 살 수 있습니까?

T: Quiero mandar esta carta por correo areo.
끼에로 만다르 에스따 까르따 뽀르 꼬레오 아에레오
이 편지를 항공우편으로 보내고 싶습니다.

P: Quiero mandar esta carta por correo
끼에로 만다르 에스따 까르따 뽀르 꼬레오
certificado.
쎄르띠피까도
이 편지를 등기로 보내고 싶습니다.

T: Quiero mandar este paquete a Corea
끼에로 만다르 에스떼 빠께떼 아 꼬레아
por avión.
뽀르 아비온
이 소포를 항공편으로 한국에 보내고 싶습니다.

P: Deme usted una estampilla de treinta
데메 우스뗏 우나 에스땀삘라 데 뜨레인따
centavos.
쎈따보스
30센따보짜리 우표 한 장 주십시오.

T: ¿Cuánto cuesta?
꾸안또 꾸에스따
요금이 얼마입니까?

W: Escriba usted el nombre y las seas
에스끄리바 우스뗏 엘 놈브레 이 라스 세냐스
del remitente.
델 레미뗀떼
발신인의 이름과 주소를 쓰십시오.

T: Quiero enviar esto por encomienda.
끼에로 엔비아르 에스또 뽀르 엔꼬미엔다
이것을 소포 우편으로 보내고 싶습니다.

P: ¿Qué estampilla tengo que poner?
께 에스땀삘라 땡고 께 뽀네르
얼마짜리 우표를 붙여야 합니까?

T: ¿Cuánto tiempo se tarda en llegar a
꾸안또 띠엠뽀 세 따르다 엔 예가르 아
Corea?
꼬레아
한국에 도착하는데 얼마나 걸립니까?

T: Haga usted el favor de certificar esta
   아가 우스뗏 엘 파보르 데 세르띠휘까르 에스따
   carta.
   까르따
   이 편지를 등기로 해 주십시요.

P: Quiero mandar esta carta por avión.
   끼에로 만다르 에스따 까르따 뽀르 아비온
   이 편지를 항공편으로 보내고 싶습니다.

T: ¿Dónde está el correo ?
   돈데 에스따 엘 꼬레오
   우체국은 어디에 있습니까?

P: ¿Dónde está el buzn más prximo ?
   돈데 에스따 엘 부손 마스 쁘록시모
   가장 가까운 우체국은 어디에 있습니까?

CHAPTER 11.
위기관리

위기관리

A. 어려움에 빠졌을 때

🎎 Cuidado!
꾸이다도
위험해요!

🎎 ¡Es urgente!
에스 우르헨떼
급해요!

🎎 ¡Cuidado!
꾸이다도
조심하세요!

T: ¡Llame a la policía!
야메 아 라 뽈리씨아
경찰을 부르세요!

P: Me siento mal
메 시엔또 말
몸이 아파요.

T: Llame alguien que hable coreano, por
이야메 알기엔 께 아블레 꼬레아노 뽀르
favor.
파보르
한국어를 하는 직원을 불러주십시오.

Socorro! / ¡Ayúdenme!
소꼬로 아유덴매
도와주세요!

¡Llame a un médico, por favor!
야메 아 운 메디꼬 뽀르 파보르
의사를 불러 주세요!

의료사정에는 특별한 문제가 없으나,
의약 분업으로 인해, 의사의 처방전이 없으면,
원칙적으로 약국에서 약을 구입할 수 없으므로
상비약은 한국에서 가져가는 것이 좋다.

B-1. 질병 발생 I

※ ¿Dónde está la farmacia?
돈데 에스따 라 파르마씨아
약국은 어디에 있습니까?

※ Déme medicina contra la indigestión.
데메 메디씨나 꼰뜨랄 라 인디헤스띠온
소화불량에 먹는 약을 주세요.

※ Déme la medicina de para el dolor
데멜 라 메디씨나 데 빠라 엘 돌로르
de cabeza.
데 까베싸
두통약을 주세요.

D: ¿Qué tiene usted?
께 띠에네 우스뗏
어디가 아프세요?

T: Tengo fiebre.
땡고 휘에브레
열이 있습니다.

D: ¿Puedo seguir viajando?
뿌에도 세기르 비아칸도
계속 여행을 할 수 있을까요?

T: Tiene que guardar reposo dos o tres días.
띠에네 께 구아르다르 레뽀소 도스 오 뜨레스 디아스
2~3일 쉬어야만 합니다.

D: ¿Qué sintomas tiene?
께 씬또마스 띠에네네
증상이 어떻습니까?

T: Sinento ganas de vomitar.
씨엔또 가나스 데 보미따르
토할 것 같습니다.

D: No es nada grave.
노 에스 나다 그라베
심각하지 않습니다.

T: Me encuentro un poco mejor.
메 엔꾸엔뜨로 운 뽀꼬 메코르
좀 나아졌습니다.

D: Aquí está mi receta.
아끼 에스따 미 레쎄따
여기 처방이 있습니다.

T: Dónde hay una farmacia por aqui?
돈데 아이 우나 화르마씨아 뽀르 아끼
가장 가까운 약국은 어디에 있습니까?

B-2. 질병 발생 II

※ **Me siento muy mal.**
메 씨엔또 무이 말
아주 기분이 나쁩니다.

※ **Tengo desmayos.**
땡고 데스마요스
어지럽습니다.

※ **Quiero ir al internista.**
끼에로 이르 알 인떼르니스따
내과에 가고 싶습니다.

T: **Estoy resfriado.**
에스또이 레스후리아도
감기에 걸렸습니다.

D: **¿Qué síntomas tiene?**
께 씬또마스 띠에네
증상이 어떻습니까?

T: **Tengo diarrea (tos, fiebre).**
땡고 디아레아 또스 휘에브레
설사(기침, 열)를 하고 있습니다.

D: **Esta es la receta para usted.**
에스따 에스 라 레쎄따 빠라 우스뗏
처방전입니다.

P: Me duele aquí.
　메　두엘레　아끼
여기가 아픕니다.

D: Cuándo sintió el dolor?
　꾸안또　씬띠오　엘　돌로르
언제부터 통증이 있습니까?

P: Desde ayer por la noche.
　데스데　아예르　뽀를　라　노체
어제 밤부터입니다.

　No puedo andar.
　노　뿌에도　안다르
걸을 수가 없습니다.

D: No es nada grave.
　노　에스　나다　그라베
심각하지 않습니다.

P: Muchas gracias, doctor.
　무챠스　그라시아스　독또르
선생님, 대단히 감사합니다.

C-1. 도난 분실 I

■ Me robaron la cámara.
메 로바론 라 까마라
카메라를 도난당했습니다.

■ Me han robado el bolso.
메 안 로바도 엘 볼소
가방을 도난당했습니다.

■ ¿Dónde está la comisaría cerca de aquí?
돈데 에스따 라 꼬미사리아 쎄르까 데 아끼
이 근처에 경찰서가 어디 있습니까?

T: Se me he perdido el pasaporte.
세 메 아 뻬르디도 엘 빠사뽀르떼
여권을 분실했습니다.

W: ¿En dónde la ha perdido?
엔 돈데 라 아 뻬르디도
어디서 잃어버렸습니까?

T: No, sé.
노 쎄
모르겠습니다.

W: Su nombre, por favor.
수 농부레 뽀르 파보르
성함을 말씀해 주십시오.

T: Llame a la Embajada de Corea, por favor.
이야메 알 라 앰바하다 데 꼬레아 뽀르 파보르
한국 대사관에 연락해 주십시오.

W: Sí, llamaré.
씨 야마레
예, 연락하겠습니다.

P: He perdido mi passaporte.
헤 뻬르디도 미 빠사뽀르떼
여권을 잃었습니다.

W: ¿En dónde la ha puesto?
엔 돈데 라 아 뿌에스또
어디에 두셨습니까?

P: En mi habitación.
엔 미 아비따씨온
제 방에 두었습니다.

¿Qué se necesita para el pasaporta?
께 쎄 네쎄씨따 빠라 엘 빠싸뽀르떼
여권 재발급하는데 무엇이 필요합니까?

C-2. 도난 분실 II

※ ¿Dónde está la oficina de objetos perdidos?
돈데 에스따 라 오피씨나 데 오브헤또스 뻬르디도스
분실물 센터는 어디에 있습니까?

※ He perdido mis cheques de viaje.
헤 뻬르디도 미스 체께스 데 비아헤
여행자 수표를 분실했습니다.

※ He perdido mi tarjeta de crédito.
에 뻬르디도 미 따르헤따 데 끄레디또
신용카드를 분실했습니다.

※ Anule la tarjeta, por favor.
아눌레 라 따르헤따 뽀르 파보르
제 카드를 중지시켜 주세요.

T: He perdido el bolso en el taxi.
에 데하도 엘 볼소 엔 엘 딱시
가방을 택시에 두고 내렸습니다.

W: ¿Qué había dentro?
께 아비아 덴뜨로
안에 무엇이 들어있습니까?

T: Hay pasaporte, dinero en el bolso.
아이 빠사뽀르데 디네로 엔 엘 볼소
가방 안에는 여권, 돈이 들어있습니다.

P: Me han robado el bolso.
　　메　안　로바도　엘　볼소
　가방을 도난당했습니다.

W: ¿Qué había dentro?
　　께　아비아　덴뜨로
　안에 무엇이 들어있습니까?

P: Una cartera y una pasaporte.
　　우나　까르떼라　이　우나　빠사뽀르데
　지갑과 여권이 들어있습니다.

　Escriba un certificado de perdida.
　에스끄리바　운　쎄르띠휘까도　데　뻬르디다
　분실증명서를 적어 주세요.

W: Escriba su dirección, por favor.
　　에스끄리바　수　디렉씨온　뽀르 파보르
　주소를 써 주세요.

D. 길을 잃었을 때

※ **Estoy perdido.**
에스또이 뻬르디도
길을 잃었습니다.

※ **Me he perdido en el camino.**
메 에 뻬르디도 엔 엘 까미노
길을 잃었습니다.

※ **Me he perdido.**
미 에 뻬르디도
저는 길을 잃었습니다.

※ **¿Cómo se llama esta calle ?**
꼬모 세 야마 에스따 까예
이 거리의 이름은 뭐라고 하지요?

T: Perdón, señor. A dónde se va por esta
뻬르돈 세뇨르 아 돈데 세 바 뽀르 에스따
calle?
까예
선생님, 실례합니다. 이 길은 어디로 통하지요?

P: Soy forastero aquí. Es mejor que lo
소이 훠라스떼로 아끼 에스 메호르 께 로
pregunte usted en aquel puesto de polica.
쁘레군떼 우스뗏 엔 아 뿌에스또 데 뽈리시아
나는 이 거리 사람이 아닙니다. 저기 파출소에서 묻는게 좋겠습니다.

동양인들은 많은 현금을 소지하고 있다는 것이 이곳 범죄인들의 인식임으로 외출시 과도한 현금 지참은 피하고 숙소에 비치되어 있는 금고나 호텔에 보관하며, 부득이한 경우 여러곳에 분산하여 휴대하도록 한다.(강탈당하기 쉬운 소형 가방보다도 큰 가방에도 나누어서 휴대) 여권의 경우도 현금의 경우와 같이 취급하며, 반드시 여권사본(2매 이상)을 별도로 준비 및 외출시 사본 휴대하는 것이 좋다.

  호텔 또는 식당에서 정산시 주위를 잘 살피고 지불은 신용카드를 사용한다. 숙소에 머물면서 관광을 할 때에는 관광객이 아닌 현지인처럼 일상적인 복장을 하는 것이 중요하다.

  가급적 소형. 저가의 카메라를 휴대하는 것이 안전하다.(고가의 카메라를 휴대하면 범죄자들의 1차 목표가 됨) 혼자서 외출은 자제하고 낯선 사람의 접근 또는 과도한 친절과 호의를 경계(길을 물어 보는 등 대상자를 산만하게 한 후 소매치기를 하거나, 길을 안내해 주겠다고도 함) 경찰관을 사칭하는 사람 유의(유사한 경찰 복장차림으로 접근, 신분증 제시를 요구하면서 현금 및 신용카드 절도를 시도) 여행지에 대한 사전 정보 및 유의사항, 재외공관 주소를 사전에 반드시 알아두어야한다.
 마드리드 시내에서는 수돗물을 직접 마셔도 문제없으나, 바르셀로나는 경수이므로 가급적 생수를 구입해서를 마시는 것이 바람직 하며 카나리아제도의 라스팔마스에서도 수도물에 염분이 포함되어 있어 음료에 적합하지 않으므로 생수를 마시는 것이 바람직 하다.카나리아 제도에서는 때때로 사하라사막의 모래열풍이 불어오며, 이로 인해 특히 아이들이 기관지천식이나 인후계통의 병에 걸리는 예가 많으므로 주의가 요구된다.

CHAPTER 12.
귀국 준비

1	2	3	4	5

MEMO

귀국 준비

A. 항공편 예약 및 재확인

▧ Quiero reservar un vuelo a Seúl.
　끼에로　레쎄르바르　운 부엘로 아 세울
서울 항공편을 예약하고 싶은데요.

▧ Quiero reconfimar mi vuelo.
　끼에로　레꼰피르마르 미 부엘로
비행기 예약을 재확인하려고 합니다.

▧ No hay otro vuelo antes?
　노 아이 오뜨로　부엘로 안떼스
더 **빠른** 비행기는 없습니까?

W: ¿En qué puedo servirle?
　 엔 께 뿌에도 쎄르비를레
무엇을 도와 드릴까요?

T: Quiero reconfimar mi vuelo.
　 끼에로　레꼰피르마르 미 부엘로
비행기 예약을 재확인하려고 합니다.

W: ¿Cuándo se va?
　 꾸안도 세 바
언제 출발하십니까?

T: El vuelo 320 dela Seúl, día 10 de marzo.
  엘 부엘로 뜨레스도스쎄로 델아 세울   디 에스 데 마르쏘
  3월 10일 서울행 320편입니다.

W: ¿Su nombre, por favor?
  수 놈브레 뽀르 파보르
  이름이 어떻게 되십니까?

T: Me llamo Cho Seung Hwan.
  메 야모 조 성   환
  제 이름은 조성환입니다.

W: Queda reconfimardo el vuelo 320
  께다   레꼰피르마도   엘 부엘로 뜨레스도스쎄로
  del a Seúl, día 10 de marzo.
  델 아 세울   디 에스 데 마르쏘
  3월 10일 서울행 320편으로 예약되어 있습니다.

  Buen viaje.
  부엔 비아헤
  즐거운 여행하시길 바랍니다.

T: Muchas gracias.
  무차스   그라시아스
  감사합니다.

W: No hay de quí.
  노 아이 데 께
  천만의 말씀입니다.

B. 항공편 변경 · 취소

▨ Quiero cambiar mi reserva del vuelo.
끼에로 깜비아르 미 레세르바 델 부엘로
비행기 예약을 변경하고 싶습니다.

▨ Quiero hacer una reserva nueva.
끼에로 아쎄로 우나 레쎄르바 누에바
비행기 예약을 새로 하고 싶습니다.

▨ Quiero cambiar la fecha del vuelo.
끼에로 깜비아르 라 페차 델 부엘로
비행기 날짜를 바꾸고 싶습니다.

T: Quiero cambiar mi reserva del vuelo.
끼에로 깜비아르 미 레세르바 델 부엘로
비행기 예약을 변경하고 싶습니다.

W: Su nombre y número del vuelo, por favor.
수 놈브레 이 누메로 델 부엘로 뽀르 파보르
성함과 비행기편을 말씀하세요.

T: Me llamo Cho Seung Hwan. Vuelo
메 야모 조 성 환 부엘로
320 del a Seúl
뜨레스도스쎄로 델 아 세울
조성환입니다. 서울행 32 편입니다.

Quiero reconfimar mi vuelo.
끼에로   레꼰피르마르   미 부엘로
비행기 예약을 재확인하려고 합니다.

 국제선으로 여행하는 여행자들이 예약을 재확인 또는 취소 변경할 때 사용하는 두 가지 표현은 '꼭' 기억해 두어야 한다.
 왜냐하면, 72시간 내에 예약을 재확인 하지 않을 경우 예약의 취소로 간주하여 대기 명단으로 올려 놓으므로 비행기를 탑승하지 못하는 불행한 일이 발생할 수도 있다.

Quiero cambiar mi reserva del vuelo.
끼에로   깜비아르   미   레세르바 델 부엘로
비행기 예약을 변경하고 싶습니다.

C. 체크인 하기

❌ Un asiento al lado del pasillo, por favor.
운 아씨엔또 알 라도 델 빠실요 뽀르 파보르
통로쪽 좌석을 주세요.

❌ ¿Cuánto equipaje puede llevar cada
꾸안또 에끼빠헤 뿌에데 예바르 까다
viajero sin pagar excedente?
비아헤로 신 빠가르 엑세덴떼
한 승객이 초과요금을 물지 않고 얼마만큼의 짐을 가져갈 수 있습니까?

❌ ¿Cuál es el numero de puerta?
꾸알 에스 엘 누메로 데 뿌에르따
탑승구는 몇 번입니까?

C: ¿Tiene algunas maletas?
띠에네 알구나스 말레따스
짐이 있습니까?

T: Si, las tengo. Son 3 bultos en total.
씨 라스 뗑고 손 뜨레스 불또스 엔 또딸
있습니다. 짐은 전부 3개입니다.

Quiero un asiento en pasillo.
끼에로 운 아시엔또 엘 빠씨요
통로측 좌석을 원합니다.

D. 전송

🞩 ¡Feliz viaje!
훼리스 비아헤
즐거운 여행을!

🞩 Bueno, querido amigo. ¡Buen viaje!
부에노 께리도 아미고 부엔 비아헤
무사한 여행을 기원합니다!

🞩 Muchas gracias.
무차스 그라시아스
대단히 고맙습니다.

T: Parece que ya es hora de subir al avin.
빠레세 께 야 에스 오라 데 수비르 알 아비온
이제는 비행기에 탈 시간인 것 같습니다.

W: Espero que usted tenga feliz viaje.
에스뻬로 께 우스뗏 땡가 훼리스 비아헤
즐거운 여행이 되시기를.

T: Muchas gracias por haber venido a
무챠스 그라시아스 뽀르 아베르 베니도 아
despedirme.
데스뻬디르메
전송해 주셔서 감사합니다.

E. 비행기 탑승

✈ ¿Esta puerta de embarque es para el
  에스따 뿌에르따 데 엠바르께 에스 빠라 엘
  vuelo 320 de Northwest a Seul?
  부엘로 뜨레스도스쎄로 데 노스웨스트 아 세울
  서울행 노스웨스트 320편의 탑승구입니까?

✈ ¿A qué hore llega a Seúl?
  아 께 오라 예가 아 세울
  서울에 몇 시에 도착합니까?

✈ ¿Dónde está mi asiento?
  돈데 에스따 미 아씨엔또
  제 좌석은 어디입니까?

A: Señor, un billete por favor?
   쎄뇨르 운 비예떼 뽀르 파보르
   탑승권을 보여주시겠습니까?

T: Aquí, está.
   아끼 에스따
   여기 있습니다.

P: ¿Dónde está mi asiento?
   돈데 에스따 미 아씨엔또
   제 좌석은 어디입니까?

한마디로 만사 OK

한마디로 만사 OK.

🗶 ¿Dónde está la puerta de embarque?
돈데 에스따 라 뿌에르따 데 엠바르께

탑승 수속은 어디에서 합니까?

🗶 Dónde se hace los trámites de embarque?
돈데 세 아쎄 로스 뜨라미떼스 데 엠바르께

어디서 탑승수속을 합니까?

🗶 Un asiento al lado de la ventana, por favor.
운 아씨엔또 알 라도 델 라 벤따나 뽀르 파보르

창쪽 좌석을 주세요.

🗶 Quiero un asiento en ventanilla.
끼에로 운 아시엔또 엘 벤따니야

창측 좌석을 원합니다.

🗶 Quiero un asiento en pasillo.
끼에로 운 아시엔또 엘 빠씨요

통로측 좌석을 원합니다.

🗶 ¿A qué hora embarcamos?
아 께 오라 엠바르까모스

몇 시에 탑승합니까?

🗶 ¿Cuál es el número de puerta?
꾸알 에스 엘 누메로 데 뿌에르따

탑승구는 몇 번입니까?

한마디로 만사 OK.

※ ¿Dónde está la puerta número siete?
  돈데 에스따 라 뿌에르따 누메로 씨에떼
  7번 게이트는 어디입니까?

※ ¿Dónde está mi asiento?
  돈데 에스따 미 아씨엔또
  제 좌석은 어디입니까?

※ Señor, un billete por favor?
  쎄뇨르 운 비예떼 뽀르 파보르
  탑승권을 보여주시겠습니까?

※ ¿Dónde está el servicio?
  돈데 에스따 엘 세르비씨오
  화장실은 어디에 있습니까?

※ ¿Podría cambiar de asiento conmigo?
  뽀드리아 깜비아르 데 아씨엔또 꼰미고
  저와 자리를 바꾸실 수 있습니까?

※ Algo de beber, por favor.
  알고 데 베비다 뽀르 파보르
  마실 것 좀 주세요.

한마디로 만사 OK.

※ ¿Puede traerme una manta?
   뿌에데 뜨라에르메 우나 만따
   모포를 주시겠습니까?

※ ¿Quiere apagar la luz?
   끼에레 아빠가를 라 루스
   불을 좀 꺼주시겠습니까?

※ ¿Podría tomar la comida más tarde?
   뽀드리아 또마를 라 꼬미다 마스 따르데
   나중에 식사를 해도 됩니까?

※ Tráigame un periódico en coreano.
   뜨라이가메 운 뻬리오디꼬 엔 꼬레아노
   한국어 신문을 주세요.

※ ¿Puede traerme una revista?
   뿌에데 뜨라에르메 우나 레비스따
   잡지 좀 갖다 주시겠습니까?

※ ¿Puede traerme alguna medicina
   뿌에데 뜨라에르메 알구나 메디시나
   para el dolor de cabeza?
   빠라 엘 돌로르 데 까베사
   두통약을 주시겠어요?

※ Estoy un poco mareado.
   에스또이 운 뽀꼬 마레아도
   멀미가 좀 납니다.

한마디로 만사 OK.

- ¿Tiene algún digestivo?
  띠에네 알군 디헤스따보
  소화제 있습니까?

- Tengo dolor de cabeza.
  뗑고 돌로르 데 까베사
  머리가 아픕니다.

- Estoy un poco mareado. Traigáme
  에스또이 운 뽀꼬 마레아도 쁘라이가메
  una pastilla para el mareo, por favor.
  우나 빠스띨야 빠라 엘 마레오 뽀르 파보르
  멀미가 좀 납니다. 멀미약 좀 주세요.

- ¿Tiene medicina contra el mareo?
  띠에네 메디씨나 꼰뜨라 엘 마레오
  멀미약이 있습니까?

- Estoy resfriado.
  에스또이 레스프리아도
  감기에 걸렸어요.

- Tengo mucho tos.
  뗑고 무초 또스
  기침이 많이 납니다.

한마디로 만사 OK.

✉ ¿Cuánto es?
꾸엔또 에스
얼마입니까?

✉ ¿No hay otro más barato?
노 아이 오뜨로 마스 바라또
좀 싼 것은 없습니까?

✉ ¿Puedo pagar con la tarjeta de crédito?
뿌에도 빠가르 꼰 라 따르헤따 데 끄레디또
신용카드로 결제할 수 있습니까?

✉ Quiero comprar este perfume.
끼에로 꼼쁘라르 에스떼 뻬르푸메
이 향수를 사고 싶어요.

✉ ¿Puedo comprar artículos lebres de impuestos?
뿌에도 꼼쁘라르 아르띠꿀로스 리브레스 데 임뿌에스또스
면세품을 살 수 있습니까?

✉ Quiero comprar esto.
끼에로 꼼쁘라르 에스또
이것을 사고 싶은데요.

한마디로 만사 OK.

📨 Pasaporte, por favor.
　　빠사뽀르떼　뽀르 파보르
　여권 좀 보여 주시겠습니까?

📨 ¿Cuál es el motivo de su viaje?
　　꾸알 에스 엘　모띠보　데 수 비아헤
　여행 목적이 무엇입니까?

📨 ¿Cuántos días piensa quedarse?
　　꾸안또스 디아스 삐엔사　께다르쎄
　얼마를 머물 예정입니까?

📨 ¿Dóndo va a hospedarse?
　　돈데　바 아　오스뻬다르세
　어디에서 숙박하실 것입니까?

📨 ¿Tiene usted el billete de vuelta?
　　띠에네 우스뗏 엘　빌예떼 데 부엘따
　돌아가실 항공권은 있습니까?

한마디로 만사 OK.

Para turismo.
빠라 뚜리스모
관광입니다.

Negocio.
네고씨오
사업차 왔습니다.

Voy a visitar a mis parientes.
보이 아 비씨따르 아 미스 빠리엔떼스
친척들을 방문하려고 합니다.

Para participar en una conferencia.
빠라 빠르띠시빠르 엔 우나 꼰페렌시아
회의에 참석하려고 왔습니다.

Diez dias
디에스 디아스
10일 머물 것입니다.

Uno meses, más o menos.
우노 메세스 마스 오 메노스
약 1개월 머물 것입니다.

¿Dóndo va a hospedarse?
돈데 바 아 오스뻬다르세
어디에서 숙박하실 것입니까?

한마디로 만사 OK.

✉ ¿Dónde se puede recoger el equipaje?
돈데 세 뿌에데 레꼬헤르 엘 에끼빠헤
어디에서 짐을 찾을 수 있습니까?

✉ Su pasaporte y declaración, por favor.
수 빠사뽀르떼 이 데끌라라씨온 뽀르 파보르
여권과 신고서를 보여 주세요.

✉ ¿Tiene algo de declarar?
띠에네 알고 데 데끌라라르
신고하실 물건이 있습니까?

✉ Son mis cosas personales.
손 미스 꼬사스 뻬르소날레스
제 개인소지품입니다.

✉ Su pasaporte y declaración, por favor.
수 빠사뽀르떼 이 데끌라라씨온 뽀르 파보르
여권과 신고서를 보여 주세요.

✉ Son mis cosas personales.
손 미스 꼬사스 뻬르소날레스
제 개인소지품입니다.

✉ Nada. No tengo ms que cosas de uso
나다 노 땡고 마스 께 꼬사스 데 우소
personal.
뻬르소날
아무것도 없습니다. 내 소지품 밖에 없습니다.

한마디로 만사 OK.

✉ ¿Tienen una habitación libre?
  띠에넨 우나 아비따씨온 리브레
  빈 방 있습니까?

✉ ¿Hay alguna habitación más barata?
  아이 알구나 아비따씨온 마스 바라따
  더 싼 방이 있습니까?

✉ Quiero reservar una habitación.
  끼에로 레세르바르 우나 아비따씨온
  방을 예약하고 싶습니다.

✉ ¿Qué clase de habitacin desea usted?
  께 끌라세 데 아비따씨온 데세아 우스뗏
  어떤 방을 원하십니까?

✉ ¿Cuánto cuesta por una noche?
  꾸안또 꾸에스따 뽀르 우나 노체
  하루 숙박료가 얼마입니까?

✉ ¿Está incluido el desayuno?
  에스따 인끌루이도 엘 데사유노
  아침 식사 요금이 포함되어 있습니까?

✉ ¿Cuántos noches va a quedarse?
  꾸안또스 노체스 바 아 께다르세
  며칠 밤 묵으실 겁니까?

한마디로 만사 OK.

- ¿No puede usted rebajar un poco?
  노 뿌에데 우스뗏 레바하르 운 뽀꼬
  좀 싸게 해 주실 수 없겠습니까?

- Llene la ficha, por favor.
  이예네 라 휘차 뽀르 파보르
  숙박부를 기재해 주십시오.

- ¿Podría llenar está tarjeta de alojamiento?
  뽀드리아 예나르 에스따 따르헤따 데 알로하미엔또
  숙박카드를 작성해 주시겠습니까?

- Despiérteme a las cinco y media.
  데스삐에르떼메 아 라스 씽꼬 이 메디아
  5시 30분에 모닝콜 좀 부탁드립니다.

- ¿Puede despertarme a las seis de la mañana?
  뿌에데 데스뻬르따르메 아 라스 쎄이쓰 데 라 마냐나
  아침 6시에 깨워 주실 수 있습니까?

- Deseo pedir el desayuno para mañana.
  데세오 뻬디르 엘 데사유노 빠라 마냐나
  내일 아침식사를 주문하고 싶습니다.

- ¿Qué quiere tomar?
  께 끼에레 또마르
  무엇을 드시겠습니까?

한마디로 만사 OK.

✉ ¿Dónde está el comedor?
돈데 에스따 엘 꼬메도르
식당은 어디에 있습니까?

✉ ¿Puedo depositar los artículos de valor?
뿌에도 데뽀씨따르 로스 아르띠꿀로스 데 발로르
귀중품을 맡아 주시겠습니까?

✉ Entrégueme el equipaje depositado.
엔뜨레게메 엘 에끼빠헤 떼뽀시따도
맡긴 짐을 찾고 싶습니다.

✉ Necesito una toalla más.
네씨씨또 우나 또알야 마스
타월 한 장 더 갖다 주세요.

✉ He perdido la llave.
에 뻬르디돌 라 야베
열쇠를 잃어버렸습니다.

✉ Olvidé la llave dentro de mi habitacion.
올비델 라 야베 덴뜨로 데 미 아비따시온
열쇠를 방안에 두고 나왔습니다.

한마디로 만사 OK.

※ Quiero dejar la habitación.
끼에로 데하를 라 아비따씨온
체크아웃하려고 합니다.

※ Voy a pagar con cheques de viaje.
보이 아 빠가르 꼰 체께스 데 비아헤
여행자수표로 지불하겠습니다.

※ La cuenta, por favor.
라 꾸엔따 뽀르 파보르
계산서를 부탁합니다.

※ ¿Cuánto debo en total?
꾸안또 데보 엔 또딸
전부 얼마 입니까?

※ El servicio de este hotel ha sido exelente.
엘 싸르비씨오 데 에스떼 오뗄 아 시도 엑셀렌떼
잘 지냈습니다.

한마디로 만사 OK.

❌ Quiero reservar una mesa para está noche.
　끼에로 레쎄르바르 우나 메사 빠라 에스따 노체
오늘밤 식사를 예약하고 싶습니다.

❌ Quiero una mesa al lado de la ventana.
　끼에로 우나 메사 알 라도 델 라 벤따나
창 쪽의 테이블을 원합니다.

❌ ¿Tiene el menu especial de hoy?
　께에스 엘 메누 에스뻬씨알 데 오이
오늘의 특별요리가 있습니까?

❌ A la orden!
　알 라 오르덴
주문하시겠습니까?

❌ Quiero tomar esto.
　끼에로 또마르 에스또
메뉴를 보여 주십시요.

❌ Quiero comida coreana.
　끼에로 꼬미다 꼬레아노
한국 음식을 먹고 싶습니다.

❌ ¿Qué platos tipicos de esta región?
　께 쁠라또스 띠삐꼬스 데 에스따 레히온
이 지역의 향토음식이 있습니까?

한마디로 만사 OK.

- ¿Como quiere la carne?
  꼬모 끼에레 라 까르네
  고기를 어떻게해서 드릴까요?

- Bien hecha, por favor. (poco hecha, regular)
  비엔 에차 뽀르 파보르 뽀꼬 에차 레굴라르
  잘 익혀 주세요. (조금 익혀서, 적당히 익혀서)

- ¡Buen provecho!
  부엔 쁘로베초
  맛있게 드세요.

- Estaba muy sabroso. Gracias.
  에스따바 무이 사브로소 그라씨아스
  잘 먹었습니다. 고맙습니다.

- ¿Aceptan tarjetas de crédito?
  아셉딴 따르헤따스 데 끄레디또
  신용카드를 받습니까?

- ¿Quiero comer algo?
  끼에레 꼬메르 알고
  식사하러 가시겠습니까?

- ¿Puedo pedir?
  뿌에도 뻬디르
  주문해도 됩니까?

한마디로 만사 OK.

◼ Voy a tomar aquí.
 보이 아 또마르 아끼
 여기서 먹을 겁니다.

◼ ¿Puedo sentarme aquí?
 뿌에도 센따르메 아끼
 여기에 앉아도 됩니까?

◼ ¿De beber?
 데 베베르
 무엇을 마시겠습니까?

◼ ¿Cuánto tiempo se tarda?
 꾸안또 띠엠뽀 씨 따르다
 시간이 얼마나 걸립니까?

◼ ¿Cuánto es?
 꾸안또 에스
 얼마입니까?

◼ ¿Aquí tiene usted el cambio.
 아끼 띠에네 우스뗏 엘 깡비오
 거스름돈은 가지세요.

◼ El recibo, por favor.
 엘 레씨보 뽀르 파보르
 영수증을 주세요.

한마디로 만사 OK.

◼ Vamos a pagar por separado.
바모스 아 빠가르 뽀르 세빠라도
우리는 각자 낼 것입니다.

◼ ¿Cómo se llama está calle?
꼬모 세 야마 에스따 깔예
이 거리의 이름이 무엇입니까?

◼ ¿Cuánto tiempo se tardar de aquí?
꾸안또 띠엠뽀 세 따르다라 데 아끼
여기서 얼마나 걸리지요?

◼ ¿A dónde va este colectivo?
아 돈데 바 에스떼 꼴렉띠보
이 버스는 어디로 갑니까?

◼ Qué autobús tengo qué tomar?
께 아우또부스 뗑고 께 또마르
몇 번 버스를 타야 합니까?

◼ Dónde tengo qué cambiar?
돈데 뗑고 께 깜비아르
어디에서 버스를 갈아타야 합니까?

◼ ¿En qué estación estamos?
엔 께 에스따씨온 에스따모스
여기가 어느 역입니까?

한마디로 만사 OK.

✉ ¿Dónde está la oficina de información de turismo?
  돈데 에스따 라 오피씨나 데 인포르마씨온 데 뚜리스모
  관광안내소가 어디에 있습니까?

✉ Déme un rollo de color.
  데메 운 롤요 데 꼴로르
  컬러필름 한 통 주세요.

✉ ¿Cuánto vale esto?
  꾸안또 발레 에스또
  이것은 얼마입니까?

✉ ¿Podría sacarme una foto?
  뽀드리아 사까르메 우나 포또
  사진 한 장 찍어 주시겠어요?

✉ ¿Dónde está el cajero automático?
  돈데 에스따 엘 까헤로 아우또마띠고
  현금지급기가 어디에 있습니까?

✉ ¡Qué tenga buen viaje!
  께 뗑가 부엔 비아헤
  즐거운 여행이 되시길 바랍니다.

잘 터지는
여행 단어 1

관광

el cantante	엘 깐딴떼	가수
la cancion	라 깐씨온	가요
el guía	엘 가아	가이드
la familia	라 파밀리아	가족
la hora de apertura 라 오라 데 아뻬르뚜라		개관시간
el juego	엘 후에고	게임
clásico	끌라시꼬	고대
el golf	엘 골프	골프
la pelota	라 뻬ㄹ로따	공
el parque	엘 빠르께	공원
la función	라 푼씨온	공연
el servicio público 엘 쎄르비씨오 뿌블리꼬		공중화장실
el monumento	엘 모누멘또	기념품
el turista	엘 뚜리스꼬	관광

관광

el folleto turístico 엘 폴예또 뚜리스띠꼬		관광객
el folleto turístico 엘 폴예또 뚜리스띠꼬		관광안내 책자
la plaza	라 쁠라싸	광장
pila	삘라	건전지
el cuadro	엘 꾸아드로	그림
el teatro	엘 떼아뜨로	극장, 연극
no fumar	노 푸마르	금연
el palacio	엘 빠라씨오	궁전
la canción	라 깐시온	노래
la hora de llegada 라 오라 데 예가다		도착시간
el zoo	엘 쏘	동물원
entrada libre	엔뜨라다 리브레	무료입장
el lugar de interés 엘 루가르 데 인떼레스		명승지
la capa	라 까빠	망토

관광

la feria	라 페리아	박람회
el turismo urbano 엘 뚜리스모 우르바노		시내관광
el ayuntamiento	엘 아윤따미엔또	시청
el templo	엘 뗌뿔로	사원
el castillo	엘 까스띨요	성
la catedral	라 까떼드랄	성당
adulto	아둘또	성인
no tocar	노 또까르	손대지 마시오
niño	니뇨	어린이
la entrada	라 엔뜨라다	입구
la entrada	라 엔뜨라다	입장료
la guía	라 기아	안내책자
el palacio real	엘 빨라씨오 레알	왕궁
las ruinas	라스 루이나스	유적
el cine	엘 씨네	영화

관광

el concierto	엘 꼰시에르또	음악회
la escultura	라 에스꿀뚜라	조각
la obra	라 오브라	작품
el lugar	엘 루가르	장소
la exposición	라 엑스뽀시씨온	전시장
la salida	라 살리다	출구
la hora de salida	라 오라 데 살리다	출발시간
no pasar	노 빠사르	출입금지
no filmar	노 필마르	촬영금지
prohibido hacer fotos 쁘로이비도 아쎄르 포또스		촬영금지
el baile	엘 바일레	춤
flash	플라시	플래시
la hora de cierre	라 오라 데 씨에레	폐관시간
el boleto	엘 볼레또	티켓

관광

el torero	엘 또레로	투우사
la torre	라 또레	탑
un rollo de color	운 롤요 데 꼴로르	컬러필름
camara	까마라	카메라
estudiante	에스뚜디안떼	학생
moderno	모데르노	현대
revelación	레벨라씨온	현상
la sala para descansar 라 살라 빠라 데스깐사르		휴게소
la calle comercial	라 깔예 꼬메르시알	상가
la tienda	라 띠엔다	가게
el precio	엘 쁘레씨오	가격
el bolsp	엘 볼소	가방
la piel	라 삐엘	가죽
productos de piel 쁘로둑또스 데 삐엘		가죽제품

쇼핑

chaqueta de piel	차께따 데 삐엘	가죽자켓
barato	바라또	값싼
el objeto de artesanía 엘 오브헤또 데 아르떼사니아		공예품
los recuerdos	로스 레꾸에르도스	기념품
largo	라르고	긴
los zapatos	로스 싸바또스	구두
cuero	꾸에로	가죽
el precio	엘 쁘레씨오	가력
el cambio	엘 깜비오	거스름돈
el espejo	엘 에스뻬호	거울
la cuenta	라 꾸엔따	계산서
los pendientes	로스 뻬ㄴ디엔떼스	귀걸이
la flor	라 플로르	꽃
la corbata	라 꼬르바따	넥타이

쇼핑

ancho	안초	넓은
el planchado	엘 쁠란차도	다림질
el cigarrillo	엘 씨가릴요	담배
cerámica	쎄라미까	도자기
la porcelana	라 뽀르쎌라나	도자기
el monedero	모네데로	동전지갑
dólar	돌라르	달러
lino	리노	마
el sombrero	엘 쏨브레로	모자
algodón	알고돈	면
el collar	엘 꼴야르	목걸이
la garantia	라 가란띠아	보증
documento de garantía 도꾸멘또 데 가란띠아		보증서
los pantalones	로스 빤딸로네스	바지

쇼핑

venta a precios rebajadas 벤따 아 쁘레씨오스 레바하다스		바겐세일
el sostén	엘 소스뗀	브래지어
la bluse	라 블루사	블라우스
las botas	라스 보따스	부츠
el cinturón	엘 씬뚜론	벨트
el anillo	엘 아닐요	반지
la joya	라 효야	보석
caro	까로	비싼
el jersey	엘 헤르쎄이	스웨터
el traje de baño	엘 뜨라헤 데 바뇨	수영복
la reparacion	라 레빠라씨온	수선
la cartera	라 까르떼라	서류가방
las gafas de sol	라스 가파스 데 솔	선글라스
la camisa	라 까미사	셔츠

쇼핑

las medidas	라스 메디다스	스타킹
la talla	라 딸야	사이즈
las chanclas	라스 찬끌라스	슬리퍼
las sandalias	라스 산달리아스	샌들
seda	세다	실크
el regalo	엘 레갈로	선물
la ropa interior	라 로빠 인떼리오르	속옷
el reloj de pulsera 엘 렐로흐 데 뿔세라		손목시계
el pañuelo	엘 빠뉴엘로	손수건
el impuesto	엘 임뿌에스또	세금
barato	바라또	싼
la tarjeta de crédito 라 따르헤따 데 그레디또		신용카드
ropa de ñinos	로빠 데 니뇨스	아동복
lana	라나	양모

쇼핑

el traje	엘 뜨라헤	양복
los calcetines	로스 깔세띠네스	양말
la ropa	라 로빠	옷
los accesorios	로스 악세소리오스	액세서리
las zapatillas	라스 싸빠띨야스	운동화
cheque de viaje	체께 데 비아헤	여행자 수표
el llavero	엘 야베로	열쇠고리
el recibo	엘 레씨보	영수증
el abrigo	엘 아브리고	외투
pagar	빠가르	지불하다
estrecho	에스뜨레초	좁은
la chaqueta	라 치께따	자켓
pequeño	뻬께뇨	작은
los guantes	로스 구안떼스	장갑
el chaleco	엘 찰레꼬	조끼

쇼핑

corto	꼬르또	짧은
la falda	라 팔다	치마
la pipa	라 삐빠	파이프
el pijama	엘 삐하마	파자마
grande	그란데	큰
el bolso	엘 볼소	핸드백
cosméticos	꼬스메띠꼬스	화장품

숙박지

la escalera	라 에스깔레라	계단
la caja fuerte	라 까하 푸에르떼	귀중품보관함
la cale faccion	라 깔레팍시온	난방
agua fría	엘 아구아 프리아	냉수
la nevera	라 네베라	냉장고
secado	쎄까도	드라이
el cuarto doble	엘 꾸아르또 도블레	더블룸
hospedarse	오스뻬다르세	묵다, 머무르다
el jabón	엘 하본	비누
la salida de emergencia	라 살리다 데 에메르헨씨아	비상구
el cuarto	엘 꾸아르또	방
la habitación	라 아비따씨온	방
el interruptor	엘 인떼르룹또르	스위치
el grifo	엘 그리포	수도꼭지

숙박지

lavandería	라빈데리아	세탁소
el lavabo	엘 라바보	세면대
el champú	엘 참뿌	샴푸
la ducha	라 두차	샤워
el cuarto sencillo	엘 꾸아르또 센씨요	싱글룸
el gerente	엘 헤렌떼	지배인
la lámpara	라 람빠라	전등
hostal	오스딸	여관
la reservación	라 레쎄르바씨온	예약
reservar	레쎄르바르	예약하다
la llave	라 야베	열쇠
agua caliente	아구아 깔리엔떼	온수
el aire acondicionado 엘 아이레 아꼰디씨오나도		에어컨
el ascensor	엘 아스쎈소르	엘리베이터

숙박지

la recepción	라 레셉씨온	프론트
maletero	말레떼로	트렁크
la habitación con dos camas 라 아비따씨온 꼰 도스 까마스		트윈룸
la toalla	라 또알야	타월
la pasta de dientes	라빠스따 데 디엔떼스	치약
el cepillo de dientes 엘 쎄삘요 데 디엔떼스		칫솔
el vaso	엘 바소	컵
hotel	오땔	호텔
papel higiénico	빠벨 이히에니꼬	화장실 휴지
laca	라까	헤어스프레이
loción de pelo	로씨온 데뻬ㄹ로	헤어로션

# 식음료

patatas fritas	빠따따스 프리따스	감자 튀김
el huevo	엘 우에보	계란
huevo frito	우에보 프리또	계란후라이
el pollo	엘 뽀요	닭고기
grande	그란데	대(큰)
la carne de cerdo	라 까르네 데 쎄르도	돼지고기
desayuno americano	데사유노 아메리까노	미국식 아침식사
el menú	엘 메누	메뉴
la carta	라 까르따	메뉴
cafe con leche	까페 꼰 레체	밀크커피
la cerveza	라 쎄르베싸	맥주
el volante	엘 볼란떼	메모지
la tortilla española	라 또르띨야 에스빠뇰라	반숙
la mantequilla	라 만떼낄야	버터

식음료

chorizo	초리쏘	소시지
sal	살	소금
azúcar	아수까르	설탕
ensalada	엔살라다	샐러드
un bocadillo	운 보까디요	샌드위치
el pescado	엘 뻬스까도	생선
el bistec	엘 비스떽	스테이크
la sopa	라 소빠	수프
pequeño	뻬께뇨	소(적은)
la carne de vaca 라 까르네 데 바까		쇠고기
poco cocido	뽀꼬 꼬시도	설익은
arroz	아로쓰	쌀
el desayuno	엘 데사유노	아침식사
helado	엘라도	아이스크림
un jugo de naranja 운 우고 데 나랑하		오렌지쥬스

식음료

calamares fritos 깔라마레스 프리또스		오징어튀김
la leche	라 레체	우유
la ista de derecho	라 리스따 데 데레쵸	요금표
yogur	요구르	요구르트
el recibo	엘 레씨보	영수증
reserva	레쎄르바	예약
la cena	라 쎄나	저녁식사
el almuerzo	엘 알무에르쏘	점심식사
el zumo	엘 쑤머	주스
la suelto	라 수엘또	잔돈
bien hecha	비엔 에차	잘 익힌
regular	레굴라르	적당히 익힌
la mermelada	라 메르멜라다	잼
medio	메디오	중
la propina	라 쁘로삐나	팁

식음료

tostada	또스따다	토스트
un cafe	카페	커피
pastel	빠스뗄	케이크
una coca cola	코카콜라	콜라
pollo frito	뽈요 프리또 후라이드	치킨
queso	께소	치즈
primienta	쁘리미엔따	후추
perro caliente	뻬로 깔리엔떼	핫도그
jamón	하몬	햄
hamburguesa	암부르게싸	햄버거
por persona	뽀르 뻬르소나	1인당

식음료

la fresa	라 프레사	딸기
el limón	엘 리몬	레몬
el mango	엘 망고	망고
el melón	엘 멜론	멜론
el plátano	엘 쁠라따노	바나나
la pera	라 뻬라	배
el durazno	엘 두라쓰노	복숭아
el manzana	라 만사나	사과
la sandía	라 산디아	수박
la naranja	라 나랑하	오렌지
la piña	라 삐냐	파인애플
la uva	라 우바	포도
la calabaza	라 깔라바싸	호박
el tomate	엘 또마떼	토마토
el pepino	엘 뻬삐노	오이

잘 터지는
여행 단어 2

교통수단

llenar	예나르	가득 채우다
transbordar	뜨란스보르다르	갈아타다
el chakeco salvavidas 엘 찰레꼬 살바비다스		구명 자켓
la lancha salvavidas 라 란차 살바비다스		구명보트
la cubierta	라 꾸비에르따	갑판
el portillo de andén 엘 뽀르띠요 데 안덴		개찰구
la grúa	라 그루아	견인차
el policía	엘 뽈리씨아	경찰
el agente de policía 엘 아헨떼 데 뽈리시아		경찰관
la comisaría	라 꼬미사리아	경찰서
la autopista	라 아우또삐스따	고속도로
averiarse	아베리아르세	고장나다
el tren de cercanía 엘 뜨렌 데 쎄르까니아		교외열차

교통수단

semaforo	세마후오로	교통신호
medios de transporte 메디오스 데 뜨란스뽀르떼		교통 수단
el accidente de tráfico 엘 악씨덴떼 뜨라피꼬		교통사고
la carretera nacional 라 까레떼라 나씨오날		국도
licencia internacional de conducir 리쎈시아 인떼르나씨오날 데 꼰두씨르		국제운전면허증
el tren expreso	엘 뜨렌 에스쁘레소	급행열차
el tren	엘 뜨렌	기차
la vuelta	라 부엘따	거스름 돈
bajar	바하르	내리다
llegar	예가르	도착하다
el mapa de carreteras 엘 마빠 데 까레떼라스		도로지도

교통수단

la próxima estación 라 쁘록시마 에스따씨온		다음 역
sala de espera	살라 데 에스뻬라	대합실
el destino	엘 데스띠노	목적지
taquilla	따낄야	매표구
la taquilla	라 따낄야	매표소
tren ómnibus	뜨렌 옴니부스	보통열차
linea de autobús 리네아 데 아우또부스		버스노선
la parada de autobús 라 빠라다 데 아우또부스		버스 정류장
la terminal de autobús 라 떼르미날 데 아우또부스		버스 터미널
seguro	세구로	보험
el depósito	엘 데뽀시또	보증금
oficina de objetos perdidos 오피씨나 데 오브헤또스 뻬르디도스		분실물 센터

교통수단

libre	리브레	빈차
alquilar	알낄라르	빌리다
la consigna	라 꼰시그나	수하물 보관소
autobús de larga distancia 아우또부스 델 라르가디스딴씨아		장거리 버스
revisión	레비씨온	정비
pararse	빠라르세	정차하다
la dirección	라 드렉씨온	주소
el asiento	엘 아씨엔또	좌석
la dirección única 라 드렉씨온 우니까		일방통행
traifa	따리파	운임
el conductor	엘 꼰둑또르	운전사
permiso de conducir 뻬르미소 데 꼰두씨르		운전면허증
tren nocturno	뜨렌 녹뚜르노	야간열차
la entrada	라 엔뜨라다	입구

교통수단

el billete de ida y vuelta 엘 빌예떼 데 이다 이 부엘따		왕복 승차권
la tarifa	라 따리파	요금
el barco	엘 바르꼬	여객선
el precio	엘 쁘레씨오	요금(택시)
autobús ciudadano 아우또부스 씨우다다노		시내버스
coche comedor	꼬체 꼬메도르	식당차
el revisor	엘 레비소르	승무원
el billete de embarque 엘 빌예떼 데 엠바르께		승선권
embarcar	엠바르까르	승선하다
el muelle	엘 무엘예	선창
el capitán	엘 까삐딴	선장
el camarote	엘 까마로떼	선실
el mapa	엘 마빠	지도

교통수단

la estación del metro 라 에스따씨온 델 메뜨로		지하철역
billete	빌예떼	지하철 표
la gasolinera	라 가솔리네라	주유소
la estación de servicio 라 에스따씨온 데 세르비씨오		주유소
el aparcamiento	엘 아빠르까미엔또	주차장
aparcar	아빠르까르	주차하다
tren directo	뜨렌 디렉또	직행열차
suplemento	수쁠레멘또	추가요금
coche cama	꼬체 까마	침대차
el billete	엘 빌예떼	표
taxista	딱시스따	택시 운전사
la parada de taxis 라 빠라다 데 딱시스		택시 정류장
tren superexpreso 뜨렌 수뻬레스쁘레소		특급열차

교통수단

el maletero	엘 말레떼로	트렁크
trolebús	뜨롤레부스	트롤리 버스
la propina	라 쁘로삐나	팁
la plataforma	라 쁠라따포르마	플랫폼
subir	수비르	타다
el billete de ida	엘 빌예떼 데 이다	편도 승차권
kilómetro	낄로메뜨로	킬로미터
el equipaje	엘 에끼바헤	하물
el trasnsbordo	엘 뜨란스보르도	환승
el puerto	엘 뿌에르또	항구
la gasolina	라 가솔리나	휘발유
*primera clase	쁘리메라 끌라세	1등석
*segunda clase	세군다 끌라세	2등석

통신수단

la llamada de emergencia 라 야마다 데 에메르헨씨아	긴급통화
el teléfono público 엘 뗄레포노 뿌블리꼬	공중전화
la cabina telefónica 라 까비나 뗄레포니까	공중전화박스
llamada internacional 야마다 인떼르나씨오날	국제전화
el número del país 엘 누메로 델 빠이스	국가번호
la llamada de extensión 라 야마다 데 엑스뗀시온	내선통화
el correo certificado 엘 꼬레오 세르띠피까도	등기우편
recado 엘 레까도	메시지
el sobre 엘 소브레	봉투
el reenvio 엘 렌비오	반송

통신수단

el remitente	엘 레미뗀떼	발송인
la llamada urbana 라 야마다 우르바나		시내통화
el destinatario	엘 데스띠나따리오	수신인
el aparato receptor 엘 아빠라또 레셉또르		수화기
el paquete postal	엘 빠께떼 뽀스딸	소포
por barco	뽀르 바르꼬	선박편
correo urgente	꼬레오 우르헨떼	속달우편
el sello	엘 셀요	우표
el buzón	엘부쏜	우체통
la tarjeta postal	라 따르헤따 뽀스딸	엽서
la dirección	라 디렉씨온	주소
la llamada de persona a persona 라 야마다 데 뻬르소나 아 뻬르소나		지명통화
el prefijo territorial 엘 쁘레피호 떼리또리알		지역번호

통신수단

la conferencia interurbana 라 꼰페렌시아 인떼루르바나		장거리전화
la tarjeta telefónica 라 따르헤따 뗄레포니까		전화카드
la guía telefónica 라 기아 뗄레포니까		전화번호부
el número de teléfono 엘 누메로 데 뗄레포노		전화번호
la carta	라 까르따	편지
la llamada	라 야마다	통화
llamada a cobro revertido 야마다 아 꼬브로 레베르띠도		콜렉트콜
por avion	뽀르 아비온	항공편

위치

el cruce	엘 끄루쎄	교차로
el sur	엘 수르	남쪽
el este	엘 에스떼	동쪽
en autobús	엔 아우또부스	버스로
la parada	라 빠라다	버스 정류장
el norte	엘 노르떼	북쪽
el semáforo	엘 쎄마포로	신호등
el oeste	엘 오에스떼	서쪽
el mapa	엘 마빠	지도
a la derecha	아 라 데레차	오른쪽으로
a la izquierda	알 라 이스끼에르다	왼쪽으로
a estación	라 에스따씨온	역
en taxi	엔 딱시	택시로
ir a pie	아르 아 삐에	걸어가다

질병

la enfermera	라 엔페르메라	간호사
la sed	라 셋	갈증
el resfriado	엘 레스프리아도	감기
medicina contra el resfriado 메디씨나 꼰뜨라 엘 레스프리아도		감기약
vómitos	보미또스	구토
ambulancia	암블란씨아	구급차
dolor de cabeza	돌르르 데 까베사	두통
el tiempo	엘 띠엠뽀	날씨
el esparadrapo	엘 에스빠라드뽀	반창고
hospital	오스삐딸	병원
desinfectante	데스인훽딴떼	소독약
indigestión	인디헤스띠온	소화불량
diarrea	디아레아	설사
calmante	깔만떼	진통제

질병

escalofríos	에스까로후리오스	오한
aspirina	아스삐리나	아스피린
médico	메디꼬	의사
la medicina	라 메디씨나	약
farmacia	화르마씨아	약국
la alergia	라 알레르히아	알레르기
la receta	라 레쎄따	처방
dentista	덴띠스다	치과
contusión	꼰뚜씨온	타박상
la antifebrina	라 안띠페브리나	해열제
presión arterial	쁘레시온 아르떼리알	혈압

사고

el bandido	엘 반디도	강도
policía	뽈리씨아	경찰
puesto de policía 뿌에스또 데 뽈리씨아		경찰서
joyas preciosas	호야스 쁘레씨오사스	귀금속
robo	로보	도난
ladrón	라드론	도둑
!Socorro!	소꼬로	도와주세요!
copia de emisión 꼬삐아 데 에미씨온		발행사본
ratero	라떼로	소매치기
documento	도꾸멘또	서류
!Tenga prisa!	뗑가 쁘리사	서두르세요!
tarjeta de crédito 따르헤따 데 끄레디또		신용카드
cartera	까르떼라	지갑
expedición de nuevo 엑스뻬디씨온 데 누에보		재발행

공항 출입국

capitán	까비딴	기장
prohibido fumar	쁘로이비도 푸마르	금연
el aeropuerto	엘 아에로뿌에르또	공항
la maleta	라 말레따	가방
la nacionalidad	라 나씨오날리닷	국적
el individual	엘 인디비두알	개인
derecho de aduana 데레초 데 아두아나		관세법
la llegada	라 예가다	도착
moneda metálica	모네다 메딸리까	동전
la manta	라 만따	담요
cigarrillos	씨가리요스	담배
exento de impuesto 엑센또 데 임뿌에스또		면세
destino	데스띠노	목적지
joyas	호야스	보석
la mochila	라 모칠라	배낭

공항 출입국

pérdida	뻬르디다	분실
objeto pérdida	오브헤도 뻬르디다	분실물
apellido	아뻬이도	성
la firma	라 피르마	서명
la aduana	라 아두아나	세관
el aduanero	엘 아두아네로	세관원
declaración de aduana 데끌라라씨온 데 아두아나		세관신고서
azafata	아사화따	스튜어디스
pasajero	빠싸헤로	승객
el cheque	엘 체께	수표
equipaje de mano	에끼빠헤 데 마노	수하물
los artículos sin impuesto 로스 아르띠꿀로스 씬 임뿌에스또		수하물 찾는 곳
facturación	팍뚜라씨온	수하물 취급소

공항 출입국

comisión	꼬미시온	수수료
ocupado	오꾸빠도 *화장실 사용표시	사용중
el periodicos	엘 뻬리오디꼬스	신문
declarar	데끌라라르	신고하다
fecha de nacimiento 페차 데 나씨미엔또		생년월일
bebida alcohólica	베비다 알꼬올리까	술
retraso	레트라소	지연
el billete	엘 빌예떼	지폐
pagar	빠가르	지불하다
número de asiento 누메로 데 아씨엔또		좌석번호
despeque	데스뻬께	이륙
nombre	놈브레	이름
la inmigración	라 인미그라씨온	입국
la tarjeta de entrada 라 따르헤따 데 엔뜨라다		입국카드

공항 출입국

banco	방꼬	은행
euros	에우로스	유로
pasaporte	빠싸뽀르떼	여권
cheque de viaje	체께 데 비아헤	여행자 수표
objeto de la visita 오브헤또 데 라 비시따		여행목적
ida y vuelta	이다 이 부엘따	왕복
whisky	위스끼	위스키
el cinturón de seguridad 엘 씬뚜론 데 세구리닷		안전벨트
la direccion	라 디렉씨온	주소
el suelto	엘 수엘또	잔돈
ventanilla	벤따닐야	창측
la emigración	라 에미그라씨온	출국
duración de la estancia 두라씨온 데라 에스딴씨아		체류기간

공항 출입국

billete	비예떼	탑승권
al pasillo	알 빠씨요	통로측
ida	이다	편도
equipaje	에끼빠헤	하물
billete de avión	비예떼 데 아비온	항공권
el servicio	엘 쎄르비씨오	화장실
lu zona de fumar 루 소나 데 푸마르		흡연구역
el boton de llamada 엘 보똔 데 야마나		호출버튼
el efectivo	엘 에펙띠	현금
hora local	오라 로깔	현지시각

여행 일지

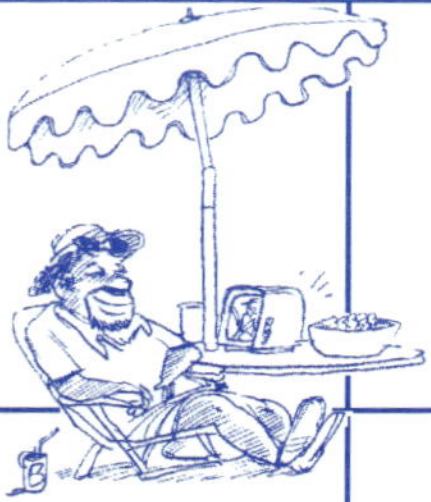

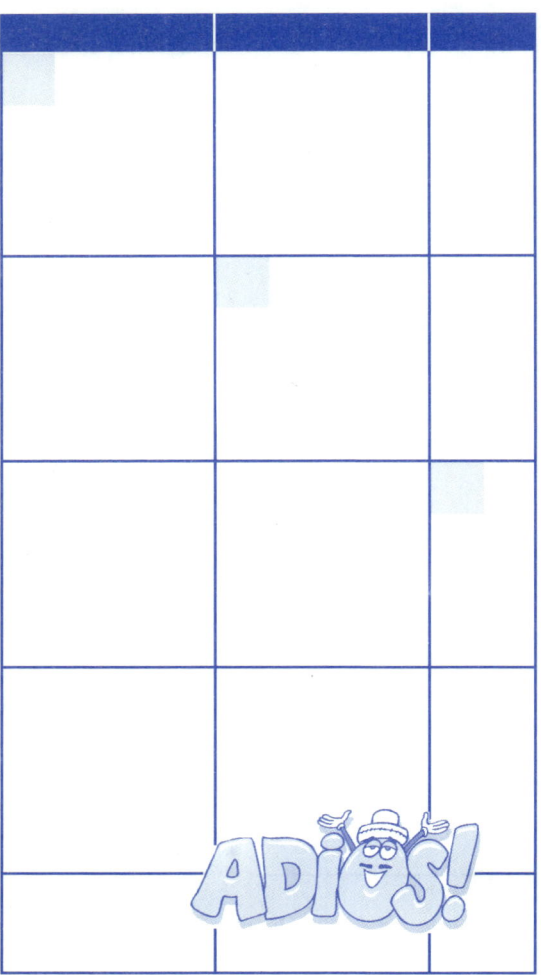